エミリー・フォースバーグ
走ること、生きること
強く、幸福で、バランスのとれたランナーになるために

写真　キリアン・ジョルネ
翻訳　児島　修

CONTENTS

5 RUNNING IS THE GREATEST
走ることを人生の中心にして

6 PREFACE
まえがき

8 COMPETITION
競争

26 DECISIONS
決断

44 FREEDOM
自由

62 UPHILL
アップヒル

86 CULTIVATION
育てる

112 NATURAL
自然

138 BREATHING
呼吸

156 ETERNITY
永遠

走ることを
人生の中心にして

　走ることはいつも私の人生の一部だった。時期によって走る量が増減したことはあったけど、とにかく子供の頃からずっと走り続けてきた。走ることは、私にとって幼馴染みの大切な友人みたいな存在だ。友達の家に遊びにいくときにも走り、学校の建物の間を駆け回り、球技やクライミングの練習の一部としても走った。2008年、この友情はさらに大きなものに発展した。走ることは、次第に私の人生の中心に位置するようになった。私の人生のあらゆる事柄は、太陽を取り囲む惑星みたいに、走ることを軸にして回り始めた。それぞれに異なった特性を持つ惑星は、私の人生の様々な側面を表している。どれも重要なのだけれど、あくまでそれらは〝走ること〟という太陽を軸にして回っている。自分にとって一番大切なのは、走ること。

　私は、走ることに関するあらゆることを知りたいと思った。自分の身体が短距離走や長距離走に、あるいは速く走ったり遅く走ったりすることにどう反応するかを知りたかった。走る動作をよく理解し、怪我が起こるメカニズムを把握することで、身体を痛めずに走れるようになりたかった。走ることが大好きだったから、とにかく走った。そして、走ることについて学んだ。ただひたすらに、次の日も同じように走りたいという思いだけに突き動かされていた。

　専門誌を定期購読し、貪欲に知識を吸収した。でもすぐに、雑誌に書いてある基本的な練習方法やテクニックでは物足りなくなった。走るというこの素晴らしき行為の真実が知りたくて、インターネットで情報を漁り、解剖学の専門書を読んだ。でも、私が本当に興味を持っていたのは、トレーニングそのものでも、トレーニング計画でもなかった。私は人体と、人間の走る能力そのものに興味があった。自分がどのくらい遠くまで、あの素晴らしき永遠の感覚の中で走り続けられるのだろうか、ということが知りたかった。

まえがき

　振り返ると、それはまるで一晩で起こった出来事のように思える。私は、ただ山を愛して走っていた女の子から、国際的な大会に参加するプロのスカイランナーになり、この世界の有名人になった。もちろん、それは長い道のりだった。生き方が変わるような大きな決断を迫られたときには、私はいつも自分の人生にとって何が一番大切かを考えて行動してきた。

　これまでずっと、自分の愛するもの、パワーをくれるもの、大切なものについて書いてきた。2010年、自分自身のためにブログを始めた。主に美しい山々を走った体験を綴り、日常のささやかで楽しい瞬間についても触れた。2011年、ブログは私がコラムを連載するようになった「ランナーズ・ワールド」に場所を移した。以来、ほぼ毎日、SNSに長短の記事を投稿してきた。綿密な計画に従っていたわけでも、読者数を特に気にしていたわけでもなかった。書くことが好きで、ただその気持ちに従ってきただけだ。

　それでも、本を書くという話が持ち上がったときにはためらった。私は、どんな人間として本を書けばいいのだろう？　何について書けばいい？　はっきりとわかっていたのは、これまで自分がランナーとして走ってきたレースの結果を一つひとつ細かく語るような、アスリートとしての自分の側面に特化したものにはしたくなかったということ。次第に、どんな本にしたいかがわかり始めた。普段、ネットに投稿しているような、公開したらすぐにデジタルの海の中に消えていくような淡いものではなく、紙のページに刻むに値する、まとまった長い文章でしか表せないものを書きたいと思った。本として世に出すのに、相応しい文章を。

　私はこの本を、自分自身の人生についての本にしたいと思った。走ることは、私の人生の大きな部分を占めている。だからこの本は、ランナーとしての観点から人生を語るものになる。ランナーであることは、自分にとって何を意味しているのだろう？　走ることで、私の人生はどんな方向に導かれている？　走ることはこれまで私に何を与えてくれ、日々、何を与え続けてくれているのか？　これは、走ることに対する私の愛の告白だ。走ることは私の人生そのもの。だから、これは私の人生に対する愛の告白でもある。

　私はこれまでに数え切れないほどの距離を走ってきた。そのすべてをここに細かく書き記すことはできない。それでも、自分にとって印象深い場所や体験について書くことはできる。こうした体験についての、自分の考えについても。私は、読んだ人の心が温かくなるような本を書くつもり。走ることへの情熱と、良いランナーになるためのノウハウについても、できる限り伝えたい。この本が、読者の人生と走ることを、さらに豊かで愛に溢れたものにするための一助になることを願っている。

CHAPTER 1

[COMPETITION]

競争

衝動？　それとも特別な何か？
プロ初レースでの体験や、競争を目的とせず
に走ること、心を刺激するエクササイズ、
日常と非日常のコントラストが与えてくれる
挑戦について。

[COMPETITION]

― CANAZEI, THE DOLOMITES, ITALY, JULY 2012 ―
イタリア、カナツェイ、ドロミテ、2012 年

時計を見る。午前 8 時 15 分。
45 分後に、ドロミテ・スカイレースが始まる。
スタートラインに向かって歩いているとき、
〝ビッグレースになる〟という予感がした。
カラフルなウェアを着た何百人ものランナー。
サロモンチームに所属する私のチームメイトも、
すでにウォームアップを始めている。
私もそうすべきだと思って、ジョギングを始める。
このときの私は、何が自分を待っているのか、
このレースが自分にとってどれほど
〝特別な始まり〟を意味するものになるのかを、
知る由もなかった。

スタート

　ウォーミングアップの後、スタートエリアに入る前に少しストレッチ。初対面の人ばかりだ。数年後には、何人かとはすっかり顔なじみになり、レースは家族の集まりみたいに感じるようになる。でもこの時点では、知った顔はサロモンチームの数人以外にはいなかった。全員の幸運を、そして何よりレースを楽しめることを祈る。レースが始まった。標高約2,000mのピズ・ボエの山頂まで、13kmを駆け上がっていく。

　私はこの夏の大半を、地元スウェーデンのハイコーストに戻って過ごしていた。イェムトランドの低山にも遠征し、トレーニングに打ち込んだ。だけどそこでの登りのトレーニングでは、いま目の前にある険しいコースを走るだけの準備としてはまったくの不十分だった。

　山羊みたいに軽やかに走るミレイア・ミロとカシー・エンマンの2人のペースとリズムを観察しながら、2、3kmほど並走した。でも、違和感を覚えた。何かモヤモヤする。他の選手の走りを気にして走りたいわけじゃないはず。面倒で複雑なことは考えたくない。これは自分自身とのレースだ。一歩ずつ前に足を出すことだけに集中すればいい。他の選手について考えるのはやめた。自分がどんなふうに走り、どんなふうにエネルギーを使うかだけがすべてだ。

走るという〝動き〟

　少しペースを落とす。2人の選手は前に消えていき、私の雑念も消えた。びっくりするくらいほっとした。今はただ、一歩ずつ左右の足を前に出し、呼吸することだけに集中すればいい。無駄な力を抜き、できる限り軽く足を前に運べるような動きを心がける。できるだけ楽に、速く、私を前に、上に連れて行く──その〝動き〟こそが走ること。

　エイドステーションに近づくにつれて、たくさんの雑音と音楽が聞こえてくる。なんて賑やかなお祭り！　はるか遠く、私の地元で開催されているクロスカントリーのスキーレース、バーサーロペットのエイドステーションの光景が目に浮かぶ。

　みんな応援のために本当にこんな高いところまで登ってきたのだろうか？　誰もがこのスポーツをこんなにも愛している。なんて素晴らしいことなんだろう。でも、その想いは私も同じだ。雑念を消し、レースに集中しなければとも思う。だけど、満面の笑みを隠すことはできない。励ましや声援をくれた全員に感謝したかった。ありがとう！

故郷を思い起こさせる光景だ。
滑りやすい木の根、ぬかるんだ土、小さな岩、周りを取り囲む草木。
ついさっきまで走っていた峻厳な山頂とはまったく違う。
気がつくと、この森で私は女子の部のトップに立っていた！

3分の1まで登ってきた。早く山頂に辿り着きたかった。そこがどんな場所なのか、下りでどんな感覚を味わえるのかを早く知りたい。この夏、標高の低いハイコーストの山々で主にトレーニングをしてきただけに、標高3,000mの場所で走ったときに自分の身体がどんな反応をするのかも気になっていた。山の向こうには何があるのだろう。その体験は、キャンディを味わっているときの感覚に似ていた。キャンディが口の中にある限り、しばらくはその甘美な味わいを楽しめる。その一方で、すぐにでもそれをかみ砕き、次のキャンディを口の中に放り込みたいという衝動にもかられる。私は走りながらそんなふうに感じていた。今とは違う別の味を楽しみたい。もっと美味しいキャンディが欲しい。それはもう少しで手に入る。もうすぐ山頂だ。私は走りを楽しんでいた。今この瞬間に留まろうとした。長い登りを走り、足を動かし、呼吸をしている。その一連の動きの中には、ハーモニーが感じられた。それは大きな喜びだった。

　第2エイドステーション。人数はさらに増え、私の笑みもいっそう大きくなる。山にこんなに大勢の人がいるのを見るだけで、大きなエネルギーをもらう。山頂へ向かう最後の急勾配の前には、数kmの長く平らに伸びたトレイルがある。標高の高さを感じ始めた。最後の登りでは、足だけではなく手も使い、全身を動かしながら、できるだけ速く、効率的に登っていく方法を見つけなければならない。それはランニングでもあり、クライミングでもある。

スプリットタイム

　急に、山頂が迫ってきた。つまり、私は山頂に近づいている。山頂でまわりを見渡して驚く。なんていう光景！　ここでも大勢の人たちが待ってくれていた。みんなの応援、サポートに、私はまた笑顔になる。ありがとう。ジェルを胃に入れ、水で喉を潤し、下り坂を走るために気持ちを切り替える。自分の前を走る女子ランナーのスプリットタイムを聞いた。現時点でカシーからは2分遅れ、ミレイアからは3分遅れ。

　下りのコースは、切り立った狭い登山用鎖場があるガレ場から始まる。私が大いに得意とする地形だ。それまでの、長くゆったりとした登りとは大違い。この違いが、私はたまらなく好きだ。それは私たちの人生を、走ることを豊かにしてくれる。前を走る男子ランナーを何人か抜いた。お手の物だった。私はこの地形を駆け下りるときに、自分の身体をどんなふうに動かせばいいのかを正確に理解していた。ガレ場の後には、たくさんの浮岩があるテクニカルなトレイルが待っている。これも、私が得意とする地形だ。小石の多い地元の海辺を思い出す。もちろん、ここははるかに傾斜がきつい。このタイプの下りは、スピードを保ったまま流れるように軽く素早く動かなければダメ。このトレイルを抜けると、再び別の登り。その後は、フィニッシュラインまで1,400mの高低差を下っていくだけだ。

先頭ランナーに追いつく

　登り始めるとすぐに、走りやすい、平らな岩場の開けた地形に出た。私はミレイアに追いついた。「ミレイア！　一緒に頑張りましょう！　最高に楽しい！」。しばらく、2人で楽しむようにして走った。飛んでいるようなスピードだ。そのまま走り続けていると、今度はカシーに追いついた。2人に追いつけたのは嬉しく、そのことで自信が漲り、力

も湧いてきた。

　高く聳える岩山はもう私たちの背後にあった。ここからは森に入る。故郷を思い起こさせる光景だ。滑りやすい木の根、ぬかるんだ土、小さな岩、周りを取り囲む草木。ついさっきまで走っていた峻厳な山頂とはまったく違う。気がつくと、この森で私は女子の部のトップに立っていた。

　優勝できるかもしれない。という、夢を見ているかのような気分を追い払う。この私が、優勝？　今はそんなことを頭に浮かべてはいけない。目の前のトレイルだけを見て、ただ走り続けよう。1,600mの下りを、全身で体感する。木の根や岩の上を猛スピードで走り続けるには、集中が必要だ。トレイルが短くそしてテクニカルであるほど、集中力が求められる。同時に、距離の長いレースでは、エネルギーを節約するために、緊張しすぎずリラックスしながら下ることも大切だ。

　林道に出ると、すぐにフィニッシュラインへと繋がる舗装路へ。足は疲れているけれど、スピードを上げて平地を走るのはとても気持ちが良い。唯一の抵抗は、乱れた呼吸だけ。それにしても、なんという自由なのだろう！　山頂で絶景を目にしてから、わずか1時間足らずでカナツェイ村まで降りてきた。それを可能にしてくれる人間の身体は、素晴らしい創造物だ！

　集中しよう——自分に言い聞かせる。余計なことは考えないで。近づくほど、声援は大きくなる。フィニッシュラインから500m離れた地点から、早くも大勢の観衆が歓声を上げながら沿道に立っている。ダイ、ダイ、ブラボー！　アドレナリンがこみ上げる。目の前に突然現れたレッドカーペットの上を走った。なんて一日！　私は腕を空に上げ、女子の部トップでフィニッシュラインを切った。同時に、私はプロのマウンテンアスリートという人生の新たな章に突入していた。▲

走る！　頻繁に走る！　長い距離を、短い距離を走る！速く走る、ゆっくり走る！ただし、走る楽しさは決して忘れないように

レースは特別だ。同じことを愛する人たちとスタートラインに立つ。興奮と期待でワクワクする。あらゆる準備と絶え間ないトレーニングを積み重ねてきたからこそ、スタートラインに立てる。今日までの5年間、マウンテンランニングと山岳スキー(スキーモ)をトップレベルで競技していたけれど、その喜びは少しも薄れていない。だけど衝動だけは、わずかに変わった。

プロ競技者としての最初の2年間を過ごした2013年と2014年は、新しい場所を訪れ、新しいレースに参加することへの純粋な好奇心に突き動かされていた。結果はあまり気にしなかった。高校で球技をやめて以来、私のトレーニングは基本的にずっと身体の声に耳を傾ける、自発的なものだった。私のこのトレーニング方法は、厳密なトレーニング計画に従うのと同じくらい良いものだと確信している。

矛盾しているように聞こえるかもしれないけれど、予定を決めずにトレーニングをするのは簡単ではない。自由であるが故に選択肢が多く、何をしていいのかを判断するのが難しくなるからだ。たとえば今日は休養日、明日はインターバル、明後日はロング走をして最後にテンポ走、といったおおまかな予定を立てていれば、あとは何も考えずに練習ができる。でも予定を組んでいなければ、疲労と怠惰の中間にある自分の限界を、その都度見極めなければならなくなる。でもそれが、プラスの作用をもたらしてくれる。天気もコンディションも完璧で、山で長い時間を過ごすのに絶好の日には、限界など気にせずに思う存分に走れる。

コーチもつけず、厳密なスケジュールも立てないトレーニングでは、大きな自由が得られるのと同時に、大きな責任も伴う。練習し、身体の声に耳を傾け、成長し、強くなることは、すべて自己責任だ。私には、季節や日照時間に応じてトレーニングし、天候や心身の状態に応じてそれを調整していく自由がある。

次第に、走ることは自分にとって仕事のようなものになっていった。私のアプローチも専門的になった。未知なる距離に挑戦し、自分の限界までパフォーマンスを発揮してみたいと思った。自分のために、そして私を信じてくれている人のためにも、良い成績を上げたいと強く思うようになっていった。

"レースは特別なこと。
私たちはモチベーションに突き動かされて
スタートラインに向かい、
目標を達成しようとする。
でも私にとってそれよりも特別で重要なのは、
レースに勝つということ以外に
走るモチベーションを見つけることだ。"

— EXERCISES: RUNNING —
CONTRASTS
コントラスト

普段のランニングトレーニングとは
正反対(コントラスト)のことに挑戦する

　私は、普段とは正反対(コントラスト)の練習をすれば、良いランナーになれると考えている。いつもとまったく違うトレーニングをするのは、モチベーションの維持や、弱点の改善にも役立つ。だから好んで、さまざまな距離を走る。特に、自分があまり得意ではない距離の練習には力を入れている。私はウルトラマラソンが得意だから、短距離のトレーニングやスピード練習、短距離のインターバルを意識的に行っている。

　あなたの場合はどう？　高強度の5km走、低強度の15km走、トラックでのショートインターバルのうち、どれが一番快適？　ぜひ、普段のトレーニングとは正反対のメニューに挑戦してみてほしい。

スローランニングが好きな場合
トラック、舗装路、砂利道での1,000m〜2,000m走を繰り返してみよう。

レペティショントレーニングが好きな場合
　オントレイルでもオフトレイルでも、もっと長く走ってみること。「長く」というのは人によって違うので、各自で定義すればいい。1時間走ればロング走という人もいれば、4時間は走らなければという人もいる。大切なのは、自分にとってチャレンジングな距離を設定することだ。

持久力の限界に挑戦したい場合
　地元の近くにある森や自然保護区の地図を見ながら、半日がかりで走るコースの計画を立てよう。友達を1人か2人誘い、リュックに着替えと食料と救急セットを詰め込み、いざ出かけよう！

爆発的パワーの限界に挑戦したい場合
　トラックや砂利道で短めの距離セッションを計画しよう。トラックを走った経験がない人は、初めて長めの距離を走るときには少し注意すること。硬い地面を走る場合も同様。身体が新しい環境に慣れるには時間がかかる。怪我を防ぐためにも十分注意しよう。私がこの種のトレーニングを始めたときは、1度に8km以上は走らなかった。走ったことのない場所で練習するときは、身体が慣れるまでは無理はしない。こうした平地でのインターバルトレーニングは、スピードの強化やストライドの改善に効果がある。このトレーニングは、まさに普段のマウンテンランニングとは対照的だ。

— EXERCISES: RUNNING —

ラダー

　まず1,000m走り、次に800m、600m、400m、200m、100mと距離を減らしていく。次は、逆に100m、200m、400m、600m、800m、1,000mと距離を伸ばしていく。各インターバルは30秒で、その場に立つかジョギングをする。順番を逆にして、距離を伸ばしていく方から（最初に100m、次に200m……）始めてもよい。

ロングインターバル

　長めの距離（例：「1,000m」「3,000m」「5,000m」）を任意の回数繰り返す。繰り返しの回数は、普段どのくらいの距離を走っているかに応じて決める。慣れていない人は、1,000m×3回でも十分だろう。

　私の場合、マックスで1,000mなら×8回、3,000mなら×3回、5,000mなら×3回。もちろん、距離と回数はトレーニングの目的によって変わる。スウェーデンのリディンゴー・クロスカントリー・レースのようなレースの前なら、5,000mを3回、レースペースで走るのが役に立つかもしれない（ハードだけど、見返りは十分にある！）。私の場合、インターバルは1分から長くて2分。立ったまま休憩するか、ジョギングをする。走行距離やタイム、回数を記録して、後で分析しよう。

　自分に相応しい距離や回数をじっくり考えてみよう。8km以上走ったことがなければ、ロングランは12km以上にする必要はない。また、平地でのインターバル走をしたことがない人は、3〜4回の繰り返しから始めるのが良い。いずれにしても、大切なのは普段と正反対のトレーニングを楽しむこと！

ランニングストライド

　私は、人間は走るために生まれてきた生き物と信じている。でも、適切なランニングのストライドは個人によって大きく違うとも考えている。人間は一人ひとり、体型や骨格が異なる。だから、自分に合った歩幅と練習方法を見つけなければならない。私はこの分野の専門家ではなく、一般的なアドバイスをするのは難しいが、いくつかのヒントを提案してみたい。

→骨盤を自然な位置に保つ。骨盤を前に傾けすぎて脊椎をアーチ状に曲げないようにする。逆に、後ろに傾けすぎてもいけない。

→背筋を伸ばしてリラックスし、肩の力を抜く。

→腕をうまく使う。振り子のように動かすと、適切なストライドが見つけやすくなる。

　自分では実践していないから、踵で着地する走法に関しては何とも言えない。踵から着地するランナーは多いが、私は常につま先から着地していて、このテクニックが膝や関節に優しいことを証明する研究結果を信じている。

　私の場合、自分に合ったランニングストライドを見つけるのに役立ったのは、着地する度に、その足で地面を強く蹴るイメージを視覚化したこと。それによって、足の振り子の動きが大きくなった。

　私は足を腰の前に下ろしているが、スピードが出ているときは、踵、膝、腰が一直線になり、腰に体重がかかっているときに着地している。可能なら、友人にランニングフォームを撮影してもらおう。

WE WERE ALL BUILT
TO RUN – ALL YOU HAVE TO DO
IS PUT ONE FOOT IN FRONT
OF THE OTHER.

誰もが走るために生まれてきた。必要なのは、足を前に出し続けることだけ。

CHAPTER 2

[DECISIONS]
決断

シンプルでありふれたものと、
未知なるもの。
単純で馴染みのある日常を過ごしつつ、
非日常の「何か」を期待する、
そのバランスの大切さについて。

[DECISIONS]

— INDEPENDENCE PASS, COLORADO, 2013 —
インデペンデンス パス、コロラド、2013 年

寝ているうちに寝袋から身体が少しはみ出していたせいで、
寒さで目が覚めた。
むき出しになった肩が、凍るように冷たい。
震えながらもう一度寝袋に潜り込み、繭のようにすっぽり収まる。
時計を見る。もうすぐ 7 時。朝食前に暖房を入れる時間だ。
起き上がって素早く暖房をつけ、すぐにまた寝袋に滑り込む。
キャンピングカーの車内が暖まるまで、約 10 分。

ルーティーン

起きる時間。キャンピングカーでの朝のルーティーンは、コーヒーを淹れるためのお湯を沸かすことから始まる。トレーニングウェアに着替え、身体を冷やさないようにダウンウェアを重ね着する。湯が沸いたらコーヒーを淹れ、窓の霜を取り、キリアンを起こす。彼は、山でも家でも私のパートナーだ。私たちは、コロラド州リードビル近くの標高3,000mの山道にキャンピングカーを停めていた。サンフランシスコでのレースの後で得たアメリカ滞在の機会を活かして、コロラド州の山でスキーをし、同時に山岳スキーのワールドカップ向けのトレーニングをすることにした。今日は、良い一日になりそう。

朝食後、トレーニングが始まる。私は毎年、ランニングと山岳スキーの2つのレースシーズンを過ごしている。約6カ月間スキーをして、残りの6カ月はランニングをする。今は12月なので、スキーをしている。一日の最初のトレーニングセッションには、長い時間をかける。いつも、これから向かう山頂の雪の状態を見定めるところから始める。私はキリアンの1時間前にトレーニングを終え、早めにキャンピングカーに戻る。この頃には気温も上がり、暖かくなっている。キャンピングカーは小さく、日が出ているとすぐに熱くなる。8平方mの空間には、ベッドにテーブル、キッチンと、必要なものがすべて揃っている。外に出て、暖かい太陽の日差しを受けながらストレッチをして、車内に戻って昨日の残り物を温めた昼食を2人でとる。キリアンがお皿を洗っているあいだ、私はキャンピングカーの小さな窓から壮大な山々を眺めながら、コーヒーを飲む。次のトレーニングセッションを始めるまでに数時間あるけれど、この限られたスペースの中では、ベッドの上で身体を伸ばしたり、ただ身体を休めているぐらいしかできることはない。

昼食と休憩の後に午後のセッションをして、夕食の準備をし、紅茶を飲めば、もう寝る時間だ。

ここでの暮らしはとてもシンプル。心配の種は何もない。掃除もしなくていいし、請求書も来ないし、インターネットもつながらない。考えるのは、食べることと、暖をとることと、今日一日のトレーニングを終えることだけ。

シンプルな生活

トップアスリートにとって、キャンピングカーでの生活は最適なものだとは言えないかもしれない。車内は寒く、トレーニング後にシャワーも浴びられないし、天井が低く狭いので身を屈めて暮らさなければならない。それでも、5つ星ホテルではないにしても、このようなライフスタイルは、ある期間に限定する限り、とても価値のあること。このシンプルな生活は、自分にとって本当に大切なことが何かを気づかせてくれる。暖かくする、毎日きちんと食事をする、楽しい何かをする――それは、誰もが求めていることではないだろうか。何千年ものあいだ、人類はずっとこんな暮らしをしてきた。それなのに、仕事や勉強に追われ、住宅ローンの返済に四苦八苦するストレスの多い生活の中で、そのことを忘れてしまっている。

シンプルなもの、日常的なもの、非日常的なものは、
私が常に組み合わせるように心がけている3つの重要な事柄。
最初の2つと非日常的なものは正反対だけど、
この3つをうまくバランスをとるように最善を尽くしている。

　私はいつもシンプルさに魅了されてきた。14歳のとき、夏にスウェーデンのヌーラにある家で愛犬のネロと過ごした。そこには静謐な時間が流れていた。朝食はグロート（お粥）で、ランチとディナーはお米と野菜。歩いて、走って、泳いだ。そのとき、自分はこうしたシンプルで単調な生活が好きなのだと気づいた。必要なものはすべて揃っていて、私は幸せだった。

日常と非日常

　大学に進学して得られた大きなメリットは、この先数年間のスケジュールを予め把握できることだった。私は授業がある期間を軸にして、それ以外の時間を組み立てた。試験勉強をしなければならない日がいつかはわかっていて、適度に休みもとった。主に遠隔授業を受講し、途中でウメオ大学からトロムソ大学に編入した。山での生活をできる限り優先できるように授業の日程を組んだ。私は

いつも、山で勉強していた。

　勉強は、私にとっての日常になっていった。学生時代に訪れた色々な場所が、私にとっての非日常だった。私はそのときにいる場所から、よく遠隔授業を受けた。おかげで大学にいても、ヨーロッパのどこかの山を登っていても、人生をシンプルに保てた。大学に自転車やランニング、スキーで通うことも、日常生活の中で運動をし、自由な感覚を得るためのシンプル方法になった。自分の身体だけを使って、行きたい場所にどこでも行けるという素晴らしい気持ちも味わえた。

　3年間、生物学を勉強し、何度か地元のレースで上位入賞を果たした後の2011年11月、私はサロモン・スウェーデン・トレイルチームに誘われた。ランニングシューズとトレーニングウェアが無料で手に入る！し、いろいろなレースにも参加できる。断る理由はなかった。その頃の私は、レースを走るのが楽しくてたまらなかった。2012年4月、ギリシャでのサロモンのトレーニングウィークに招待された。サロモンの本部に世界中のサロモンチームから優秀なランナーが集まり、新製品のテストをし、マーケッターや写真家、マッサージセラピストをはじめとする様々な職種の人たちと親睦を深めるためのビッグイベントだ。サーカスみたいでもあったけれど、一体感もあった。そこにいるすべての人たちが、アスリートのために、そしてアスリートと共に働いている。私の競技は、ここでは偉大だった。自分が愛しているスポーツが、大勢の人たちにも愛されていて、人々がそれで生計を立てているのを目の当たりのするのは、なんて素晴らしいことなのだろう。

　充実した1週間を終えて冬のトロムソに戻ったとき、自分の競技についての見方が大きく変わり、沢山のアイデアが頭に浮かんでいた。その後、私は大学生として勉強し、試験を受け、テレマークスキーで滑るという、シンプルで日常的で、気楽な生活を再開した。当時、私が大学で講義を受けていた講師の1人が北ノルウェーでプロジェクトを実施していて、現地アシスタントを探していた。私は自分がこのポジションの有力な候補であることを知っていたし、このプロジェクトが修士課程への進学を含め、自分の将来の研究にとっても多くの可能性をもたらし得るものだということもわかっていた。でもこの件について思案しているとき、再びサロモンチームに招待された。そこでは、ワールドカップ・オブ・スカイランニングやマウンテンランニングなど、自分が望めばどんなレースにも招待が可能だという提案もあった。自分が何よりも愛する競技にワールドカップがあったなんて、嬉しい驚きだった。

情熱の対象が仕事になったとき、
自分にとってとても大切な喜びとシンプルさを、
これまでと同じように保てるだろうか？

私の仕事と私の情熱

　山奥の僻地で生物学のフィールドワークをしながら、レースで海外を転戦するのを同時にこなすのは、私には不可能だった。いくら考えても、この方程式は解けなかった。フィールドワークのアシスタントの件は、私にとってチャンスだった。生物学は自分が専攻している学問だったし、ここで経験を積めば将来的に安定した職につながる可能性もあった。つまりそれは、安定した道を選ぶということ。生物学の研究者になりたいという思いもあり、だからこそこの道を選び、長い時間を費やして勉強をしてきた。でも、結局アシスタントにはならなかった。そして考えた。なぜ、アシスタントのポジションを断ったの？　私はなぜ、そこまでしてスカイランニングを選んだの？　ワールドカップで戦いたいから？　トップアスリートになりたいから？　大きなレースに勝てば、一晩のうちにプロのアスリートになれると思っているから？

　結局、はっきりとした答えが見つからないまま、私は走ることで生計を立てていくことを決心した。少なくとも、その夏のあいだは。それは大きな決断のように感じた。実際、それはこれまでの私の人生の中で、最大の決断だったと思う。ある意味では運命的にも感じたけれど、振り返ってみるとそれほど劇的だったわけでもない。フィールドワークのアシスタントになるというチャンスを逃すのは惜しいと思ったし、ひょっとしたらあと１年を残して大学を中退することになるかもしれない。そうなれば最悪だけど、それでも私はとにかく誠心誠意、マウンテンランニングに向き合うことにした。私は自分自身を非日常の世界に投げ入れるために、日常的な選択肢を捨てた。この情熱を、ただの情熱では終わらせたくなかった。

　この情熱こそが、この決定が自分にとって重大だと感じられた大きな理由。研究やフィールドワークとは関係のないところで、私は一つの悩みを抱えていた。それは、山や走ることへの永遠の愛を保ちながら、同時にプロとして競技をすることは可能なのか、という問題だ。情熱の対象が仕事になったとき、自分にとってとても大切な喜びとシンプルさを、これまでと同じように保てるだろうか？

　ともかく、その夏は期待以上の成績を収めることができた。この年のスカイランニングのワールドカップで優勝し、自身初となるウルトラレース80kmでも優勝。ただし振り返ると、不思議にもそれ自体はそれほどたいした問題だとは思わなかった。走るのはごく自然のことだと感じていたし、私は勝者としての人生よりも、ランナーとしての人生を楽しんでいた。

　秋になり、私は再び大きな決断に迫られた。研究を続けるか、それともアスリートとしてのまったく新しい人生を切り開くか。スカイランニングの大会で成功を収めたことで、山岳スキーのレース用のライトスキー（スキーモ）を提供された。メーカーはサロモンではなかった。私にはこの年、スキーのスポンサーはついていなかった。このスキーを履いて冬山でトレーニングするのは、正しいことのように思えたし、こんなふうに急展開がもたらしてくるこの不確かさこそが、自分の人生をエキサイティングなものにしているのだと感じた。

　私は長いあいだ、このようなスピードの出るライトスキーに対して羨望と懐疑心を抱き続けていた。競技としての山岳スキーが、アルプス山脈でとても大きなマウンテンスポーツ競技だという話も聞いていたし、この冬のあいだに、この新しい道具を使って、この競技に向けたトレーニングができるかもしれない。私はすぐに、この新しいマウンテンスポーツに魅了された。これまで使ってきたテレマークスキーよりも、新しいライトスキーで滑るほうがずっと簡単だった。これまでなら１度しか山頂に到達できなかった労力で、３度か４度も登頂できた。このスキーを履けば、想像力と体力が許す限り、どこにでも行けた。これまでよりもはるかに効率的に移動できるこのライトスキーに、私はすっかり夢中になった。

　2012年から2013年に年が変わり、私は山岳スキーのワールドカップのオープンコンテストに応募した。この素晴らしい競技にも、ワールドカップがあったなんて！　これらのマウンテンスポーツは、アルプス山脈では信じられないほどメジャー。私の新しいキャリアは、オープンクラスでの優勝と、ワールドカップ５位という成績で始まった。▲

DECISIONS 36

MY
PRIVILEGE

〝走る人生〟を選んで得たもの

大好きなスポーツを生活の糧にするのは、そう難しいことでもない。でも当然、自分の生き方に疑問を感じることもある。それは、ほぼ1年を通して1日に2回のトレーニングをするのがキツいから、ではない。自分のしていることに、本当に意義があるかどうかを自問自答するときがあるからだ。私はアスリートとして生きることで、世界をより良い場所にすることに貢献できているのだろうか、ということも考える。私はレースに出場するために、あちこちを移動している。良い成績を収めることもあれば、うまくいかないこともある。たまに、日々の暮らしに現実味を感じなくなるときもある。私は世間一般の人たちと同じような暮らし方や働き方はしていない。自分の情熱の対象を、人生そのものにした。20歳を超えるまで、アスリートになることを目指してきたわけではなかったし、ごく〝普通の〟仕事と勉強をする人生を送ってきた。だから、プロアスリートになったことが、なおさら特別なものだと感じる。

　自分が毎日していることに感謝するのは、幸福になるためのもっとも重要な条件。それは難しいことではない。たとえば、朝のルーティーンを愛したり、親戚や友人と会うために時間を割いたり、おいしい食事を作ったり。自分が下した人生の決断に自信が持てなくなったときは、私はいつもそこに戻る。この人生を愛せないわけなどない、と自分に言い聞かせる。自分のしていることの意味に疑問を感じたら、研究室で毎日を過ごす暮らしをしていたらどうだっただろうと考えてみる。自分がしていることに感謝するのは賢明なこと。たとえわずかであっても、自分の行動が他人の幸せに役立っていると感じることも大切だ。私は自分の生き方が、他人に良い影響を及ぼすようなものであることを願っている。たとえば私を見ることが、もっと走ろうという意欲を高めたり、立ち止まってこれまでの生き方を見つめ、もっと大胆に人生に挑戦してみよう、といったことを思い浮かべるための刺激になれば嬉しい。

　マウンテンスポーツの道を選ぶ前に抱いていた最大の不安は、それを仕事にすることで、このスポーツへの情熱が失われてしまわないかというものだった。大好きなこのスポーツを嫌いになってしまうなんて、私には想像もできないことだ。だから、もし競技を続けていくことでマウンテンスポーツへの愛を失ってしまうかもしれないという予感がほんの少しでもしたら、すぐにプロアスリートをやめるつもりでいる。難しい決断になるには違いないけれど、それでも私はやめることを選ぶだろう。情熱がなければ、レースにも、プロアスリートとしての人生にも価値はない。すべての始まりは、この情熱だった。どんな仕事でも、どんな人生でも、この愛がある限りは大丈夫。それが、そのときの私の決断だった。以来、その決意を胸に生きてきた。

　そして、非日常が私の人生の主役になった。それまでは、たくさんの日常とほんの少しの非日常というバランスだった。それが、毎日の大部分が非日常になった。トップアスリートとしての未知なる人生。指針になるものなんて、何もなかった。

　〝走りたい〟という単純な気持ちを保ち、走れることの特権的な喜びを噛みしめること。それがアスリートとしての私が何より大切にしていること。出場するレースや移動手段、インタビューやスポンサーの選択は、二の次でいい。重要なもの、優先したいことをはっきりとさせたら、後はそれに従って他のすべてを計画すればいい。私の経験上、残りの事柄は収まるところに収まるもの。買い物カゴに、本当に欲しいものがすでに1つ入っているのと同じこと。1番手に入れたかったものを得ていれば、他に何を買うかはたいした問題ではなくなる。

　私は思い切ってシンプルな人生を選び、そのことに納得しようとした。シンプルな暮らしをすることは、いつでも私を落ち着かせてくれる。夏になり、仮にこの新しいランナーとしての人生に躓いたとしても、ポリッジや米、レンズ豆を主食にしたシンプルな学生生活に戻ればいい。そしてそれでもなお、迫り来る最高に素晴らしい冬山での生活を心待ちにするだろう。

　シンプルなもの、日常的なもの、非日常的なもの。私はこの3つを組み合わせようと努力している。私はいつも未知のものに惹かれてきた。明日に何が起こるかわからないという感覚が好きで、それはすべてを把握しておきたいという気持ちよりも強かった。同時に、数年先の将来を計画したがっている自分もいた。あらゆることを知っておきたいという感覚。この異なるモチベーションと考え方は私の中で共存してきたし、これからの人生でも同じようにうまくやっていけるはず。▲

— EXERCISES —
DOWNHILL RUNNING
ダウンヒルランニング

下り坂のための身体をつくる

私は速くて滑らかな、下り坂での動きが大好きだ。そこには純粋な自由の感覚がある。労力をかけずに、飛ぶように前に進める。地面を強く蹴る必要もない。身体を前に傾けるだけで、前進できる。

下り坂で関節を痛めてしまわないように、足首と足を鍛えることは重要だ。ここでは、ダウンヒル向けに筋肉強化するエクササイズを2つ紹介する。もちろん、脚全体を鍛えておくことも大切。太もも前部とふくらはぎの筋肉を強くすることも忘れずに。

膝まわりの筋肉を鍛える

ダウンヒルでは、膝まわりの筋肉、特に内側広筋（膝上の内側の丸い筋肉）を使うことが重要になる。これは大腿四頭筋の一部で、下り坂を走るときに大きな働きをする。内側広筋が弱いと、膝の関節が摩耗しやすくなる。私はジムに通えるときは、レッグキックマシンでこの部位を鍛える。座った状態で足を上に動かし、真っ直ぐになったときに筋肉にもっとも強い負荷がかかるので、重量は軽めにして、足を真っ直ぐにした状態を数秒間維持すると効果的。

スラックラインで小さな筋肉を鍛える

スラックラインとは、2点間に張ったラインの上を歩く遊びのこと。これは、身体のバランスを保つのに役立つ小筋群の理想的なトレーニングになる。スラックラインでは不安定なラインの上で膝と足首を使うので、これらの部分が強化される。これは、不整地を走るのに大きな利点になる。スラックラインがなければ、バランスプレートでもいい。私はプレートに片足で立ち、もう片方の足を前後に振る運動をしている。腰でバランスを取るために、腰骨を水平に保たなければならない。

— EXERCISES: DOWNHILL RUNNING —

前を見る

　下り坂を一定の速度で駆け下りるためには、足元ばかりを見ないことが重要。次の一歩をどこに置くかを予測するために、少し前に視線を落とさなければならない。この技術は練習で身につけられる。次にダウンヒルを走るときに試してみて。

　秘訣は、数秒前に適切なルートを選んで頭の中に入れ、その次に走るルートに視線を向けること。数秒間というと短く聞こえるかもしれないけれど、人は10秒間で100m近くも移動できる。経験を積むほど、険しく難しい地形でも先が読めるようになってくる。平地でのわずかな下りでは、頭を上げて遠くに視線を置くと楽になる。自分のレベルに合った視線の置き方を探そう。

腕でバランスを取る

　バランスを保つために、もっと腕を使おう。下り坂を走るとき、私の腕は四方八方に飛び、上半身全体が足の動きに合わせて動く。

　バランスと重心がめまぐるしく変化する。だからこそダウンヒルはたまらなくエキサイティング。未知なる場所を駆け下りながら、常にリラックスを心がける。一歩踏み出すごとに、最適なバランスを見つけていこう。

プライオメトリクストレーニング

　反射神経を高めるために、プライオメトリクストレーニングを取り入れてみるのもいい。これは、1つの動作をできるだけ速く、瞬間的なパワーを発揮しながら行うというもの。たとえば、1本の線を引き、その左右を1本の足でジャンプし続ける、といった運動をする。このとき、着地は柔らかく、できるだけステップは素早くすることを心がける。負荷が高いので、トレーニングセッションの終わりには行わない。片足ごとに、3〜5往復で十分だ。縄跳びも、両足で着地するのではなく、片足で1本ずつ交互に着地しながら行うと効果的。

バランスと重心がめまぐるしく変化する。
だからこそダウンヒルは
たまらなくエキサイティング。
未知なる場所を駆け下りながら、
常にリラックスを心がける。

走ることへの愛を常に意識してきたわけではなかった。──ランニングはいつもそばにあったから。

CHAPTER 3

[FREEDOM]

自由

心から楽しむこと。
未知のトレイルをあえて選ぶこと。
ここぞという真剣な場面でこそ、
あえて遊び心を忘れない。
そして、ファルトレク・トレーニングについて。

[FREEDOM]

― SKULE FORREST, 2015 ―
スウェーデン、スキューレの森で、2015年

私が育ったスウェーデンのハイコーストは、
豊かな自然に恵まれた場所。太古から続く森は変化に富んでいる。
巨木には苔がむし、地表は混沌としていて、
小道を外れるとすぐにどこにいるかがわからなくなってしまう。
海辺には同じような形の大小さまざまな石が広がっていて、
最短ルートを探しながら歩いたりした。
海岸線には滑らかな崖が連なり、砂浜は永遠に続くように感じた。

トレイルを離れよう

親友と一緒に、私の地元、ハイコーストの南部を走る。ここに来るのは初めてだという彼女といると、私にとっては見慣れたはずの小石だらけの海辺や巨大な崖、深い森とスラットダルスケーバンの絶壁の光景も、新鮮に感じられる。

トレイルに沿って走る。ときには会話し、ときにはランニングに集中し、ときには考えごとをする。数時間、野外を駆け巡っているときは、いつもそう。帰り道、美しい小山に遭遇した。むき出しの崖が小高い台地を形作っている。トレイルを走り続けてきて、こんな景色に出会えたら、少しばかり冒険をして立ち寄らずにはいられない。帰りは遅くなるけどしかたない。私たちはトレイルを離れ、森の中に入った。

地面全体が苔で覆われ、地形は複雑で、草木が生い茂っている。どこを走るか、集中して見極めなければならない。パタパタと音を立て、2人並んで走る。友人の方が速いときもあれば、私の方がいいルートを選ぶときもある。しばらく、走りに没頭した。そしてついに、遠くから見ていた丘にたどり着いた。

好奇心と欲望に導かれて

走り慣れたトレイルから外れて他のトレイルへ行くときは、ワクワクする。予定したルートを、純粋な衝動に駆られて変えるときは特に。その結果として、小高い場所に辿り着けるのは最高の気分だ。私たちはやった！

たまたま目にした小山がとても魅力的で美しく見えたから、私たちはここに来た。そうしなければならなかったわけでも、計画していたわけでもない。単なる遠回りに過ぎないけれど、それでもここに来られたのは素晴らしいこと。好奇心に身を任せ、衝動に従い、まったく新しい体験をする。決められた道を通らず、新しい何かを発見したいという思いに突き動かされただけ。

私にとって、衝動に誘惑されるのは珍しいことではない。思い切って、あらかじめ計画してはいないことに身を任せる。必ずしも、前に進むことになるとは限らない。魅力的な知らない道を見つけたら、そのまま脇にそれてその方向に走っていくこともあるし、地形が難しすぎると判断したら、きびすを返してもと来た道を戻ることもある。1番大切なのは、試してみること。ランニングでは、その場の思いつきや新しいアイデアに従うことが必要になる場合がある。真剣に走っているからこそ、常識を捨てて衝動に従うことができる。得られるのは、新たな視点や経験。そこには大きな見返りがある。

近道はしない

　時々、トップレベルのランナーやスキーアルピニストを目指していく過程で、遊び心を失うのではないかと不安になることがある。でもそんなときは、楽しい（遊び心に溢れた）体験を思い出すことで、自分を安心させるようにしている。たとえばアメリカ、グランドティトン国立公園での体験だ。

　その日、私はパートナーのキリアンと一緒に走りに出かけた。地図を見て、少し離れたところに山があるのを知った。でも、そこに至る道はなかった。道は大きな湖のところで終わっていた。その反対側に、水面の上にそびえる山が見えた。私たちはトレイルを離れ、森の中を突っ切って山に向かうことにした。もちろん、それは〝言うは易く、行うは難し〟。私たちはたちまち、大きなジャングルのような樹木や茂みに飲み込まれ、たった4kmの道のりに、3時間以上かかった。でも、それは本当に素晴らしい体験だった。私たちは、ほとんど人も寄りつかない、マロン山の麓に辿り着いた。山頂までの登りは速かった。好奇心に突き動かされていたし、もうさっきまでみたいに枝のあいだをすり抜けるようにして走らなくてもいいという安堵感もあり、楽だった。まるでゲームだった。

　帰りは湖を泳ぐことにした。Tシャツを脱ぎ、携帯電話を頭に巻きつけた。2人とも泳ぎに関してはお世辞にも上手いとは言えない。キリアンの泳ぎときたら、まさに犬かき。息ができなくなるくらい笑った。でも、水は重たく、泳ぐのは大変だった。Tシャツをターバンのように頭に巻いたまま、静かに泳ぎ続けた。数kmの泳ぎは、ジャングルでの悪戦苦闘と同じくらい長く感じられた。

　予定を急に変更するのをためらうときも、このような思い出が頭に浮かぶから、結局は計画から逸脱することを選んでしまう。▲

FREEDOM 52

走るのは、レースに向けた調整をするためではなく、ただ明日も同じように走りたいから。

I RUN BECAUSE I WANT TO RUN TOMORROW AS WELL – NOT TO BE AS GOOD AS POSSIBLE IN A CERTAIN RACE

FREEDOM 54

TAKING THE
GAME SERIOUSLY

真剣に遊ぶ

私は、どんな人の生活にも、遊び心（プレイフルネス）を取り入れる隙間はあると考えている。それは、今この瞬間に完全に没入することと表裏一体だ。私はアスリートとして、自分の目標を達成することを目指して生きている。より良いアスリートになること、ベストの存在になることを目指している。そして、だからこそ遊び心を育てる必要があるとも考えている。

　私にとって遊び心とは、集中し、最大限のパフォーマンスを発揮しようとし、競技に完全に没頭すること。そんなふうに競技に取り組むことは、私にとって紛れもない現実であり、自分が生きている証しそのものでもある。

　逆説的に言えば、私にとっての遊び心とは、すべての物事が特別に重要でないと理解することでもある。自分自身やトレーニング、レースから距離を置き、それらをゲームのようにとらえる。あるときには、そのゲームは自分にとってこの世で唯一重要なものになる。現実の他の側面については何も考えない。そのゲームすらも、長い目で見れば重要なものではないと考えることもできる。そんなふうに、すべてを俯瞰する。

　遊び心とは美しく、真剣なもの。それは常に、ランニングに対する私のアプローチだった。シンプルで、好奇心と遊び心を持ち、それでいて他のことは一切考えず、走ることに全身全霊をかたむける。自分のしていることに遊び心を持って取り組めている限り、うまくできているような気がする。

　もし遊び心を大切にしてこなかったら、現在の自分はなかっただろう。今ほど走ることを好きになっていなかったはずだ。時々、ただ楽しくて、短い距離を全力で走ることがある。仲間と一緒に走っているときには、そんな衝動に駆られやすくなる。走っているうちに良い気分になって、スピードを上げることもある。到着後の景色が早く見たくてそうすることも。遊び心がなければ、こんなふうに走ることを楽しめていなかったに違いない。

　毎回、トレーニングの内容を細かく計画して、距離ごとに目標タイムで走ることだけを考えていたとしたら、それは私にとって良いトレーニングとは言えない。私にとって、トレーニングは楽しいものでなければならない。終えたあとに、またしたい、と心から思えるものでなければならないのだ。ただ計画通りの距離とタイムで走り、また次のトレーニングの時が来るのを待つ。そんなトレーニングは、私には合わない。

　数年前、自分が真剣にトレーニングをしていないのではないかという不安に駆られたこともある。私はトレーニングごとに、その体験を味わうこと、その日の気分によって好きなように走ることを重視していた。だから、緻密に計算した計画に従えば、もっとリアルなトレーニングができるのではないかと思った。自分の自由なスタイルが、真剣な練習にはそぐわないような気がしたのだ。若い頃は、そんなふうに考えていた。でも、今では自由に対する考え方が変わった。私は自由を、変化に対する態度だととらえるようになった。つまり、私はトレーニングをさらに楽しいものにするために、変化を柔軟に取り入れようとしているのだ。

　モチベーションは人それぞれ。私のモチベーションは、自分の競技で最高の選手になることではなかった。私のモチベーションとは、日常生活に感謝すること。そして、それは常に〝自由に走ること〟でもあった。特にここ数年、このことを強く実感するようになってきた。これらのモチベーションを満たして、初めて私はアスリートとして自分のベストを発揮したいというモチベーションを持てるようになる。

　遊び心は、リラックスして安心感を覚えているときに現れる。自分が何をしているのかを、わかっているときだ。夏のあいだは、すべての中心は走ることになる。私はそれを楽しむ。全力でトレーニングに打ち込みながら、同時にそれをできる限り楽しいものにする。自分のしていることに感謝し、精いっぱいに生きる。私にとって、それが人生の楽しみであり、遊ぶことなのだ。▲

— EXERCISES —
WHAT IS YOUR MOTIVATION?
自分にとってのモチベーションとは何だろう？

目標と要件に合わせてトレーニングを調整する。
そして、それを楽しいものにすること！

　私は自発的な人間で、よく身体の声に耳を傾ける。だからすべてのトレーニングを細かく計画しているわけではない。そのかわりに、柔軟性のある大まかな計画を立てるようにしている。たとえば、ある週に集中して行いたいキーセッション（重要なトレーニング）を明確にしておく。残りのセッションはその日の気分に合わせて自由に組み立てる。キーセッションは心身ともに準備ができているときに行うようにしている。3日続けて厳しいトレーニングをするのを避けるために、実行日は分散させている。

キーセッション
　重要なキーセッションについては計画を立て、他のセッションは心の赴くままに実行するようにしよう。
　自分がレースで走る距離に応じて、必要なトレーニング量がどれくらいなのかを計算する。必要な運動量は人によって違う。仕事や家庭の事情に合わせて、同じ量のトレーニングをさまざまな形に組み立てることができる。
　身体がトレーニングに反応するのは、休息時であることを忘れないようにしよう。ストレスの多い生活をしているのなら、週に8時間のトレーニングでもマラソンに向けての必要十分なトレーニングになる。もっと時間が取れるのなら、トレーニング（とリカバリー！）に15時間を費やしてみよう。きっと思いがけないほど良い結果が得られるはず。

正しいレベルを見つける
　自分のレベルを把握しよう。最初は、かけられる時間とエネルギーよりも、少なめにトレーニング時間を計画するのが良い。自由とは、選択できること。少なめに計画していれば、トレーニング量を増やすか、計画に従うかという選択肢を持てる。週に1〜3回は、必ずキーセッションを行おう。それ以外はすべてボーナストレーニングだ。

EXERCISES: FARTLEK

インターバルトレーニング

　ファルトレク（Fartlek）とは、起伏に富んだ地形で距離やスピードに変化をつけて長い距離を走るトレーニングを指す、スウェーデン語に由来する用語だ。私はいつも、レースの高度や距離をシミュレートし、それに合わせてトレーニングを調整している。実際のレースコースよりも一回り小さなコースを走る。練習や調整がうまくできてきたら、このトレーニング用のコースを大きくしていく。

ファルトレク1

　たとえば、2つの急な上り坂があり、最後にフラットな場所を走るマラソンレースに向けたトレーニングをするのなら、私は上りのセッションを20分×2セットし、ゆっくりと下り、最後にフラットな場所を20分走る。
　同じようなトレーニングはさまざまなバリエーションで行える。いずれにしても、あるレースに照準を定めたこうしたトレーニングからは、大きな効果が期待できる。

ファルトレク2

　別のおすすめセッションは、急な上りを15分、フラットな場所を10分、傾斜の緩い上りを20分、再びフラットな場所を10分走るというもの。すべて、レースペースで行う。キツいトレーニングだけれど、強くなれる！

　これらのセッションはハードなので、毎週行う必要はない（数カ月に一度でもかまわない）。長い坂を走れる場所が近くにない場合は、休日などのチャンスを活用して遠出してもいい。

コツは、自分のトレーニングを、
しなければならないものではなく！
遊び心を感じるもの、
何度でも繰り返したいと思うようなものにすること。

山の尾根と山頂──
この自然が大好き！

FLOW
フロー

時々、ランナーのあいだで話題になる〝フロー状態〟に到達する手っ取り早い方法があればいいのにと思うことがある。でも普段は、そんなことは思わない。何かを得るために懸命になるのは良いこと。苦労して手に入れるからこそ、素晴らしい気分を味わえる。ランナーのフロー状態についても同じ。走ることを愛し、膨大な時間を費やし、努力を積み重ねてきたからこそ、ランナーはこの状態に入る。ルーティーンのような退屈なものでさえ、フローに到達するための重要な要素になる。

GOALS
目標

　達成したい目標は、常に意識しておくために、書き出して目に触れる場所に貼り出しておく。そうすると、自分にとってそれほど重要ではない目標も見極めやすくなる。重要ではない目標は、その実現のために行動するのが難しいと感じるもの。逆に、どうしても実現したいと思える情熱を感じる目標のために、行動をとることは簡単。だから、時間をつくり、それが本当に価値ある目標なのか、それとも一時的に興味を持っているだけなのかを考えてみるのは大切なこと。

CHAPTER 4

[UPHILL]
アップヒル

困難に立ち向かうこと。
抵抗や見えない壁、
アップヒルでの身体を調和させる
動きについて。

[UPHILL]

─ LA REUNION, FRANCE 2013 ─
フランス、ラ・レユニオン島、2013年

2013年、プロアスリート2年目を迎えた私は、
100マイルレースへの挑戦を決めた。
100マイルは桁違いの距離だ。
ウルトラマラソンやトレイルランの世界とは一線を画している。
エントリーしたのは、累積標高約11,000ｍ、
170kmのトレイルを走るレース、
「ディアゴナル・デ・フゥ」。
開催地はインド洋に浮かぶラ・レユニオン島で、
合計22,000ｍの登り下りをする。
この過酷なレースを自分がどんなふうに体感するか、
心身がどう反応するかに興味があった。
それまでの十分な走り込みのおかげで、
完走できるという自信もあった。
なんといっても、私は走るのが大好きだから。
でもその一方で、25時間も走り続けたら
どうなるのだろうという不安もあった。

壁

　私はこのレースから多くを学んだ。その中でもっとも重要で、今でも頻繁に思い出すのは、〝壁は乗り越えられる〟ということだ——たとえそれが思考も行動も止められてしまうような、乗り越えるのが不可能と思われる壁であっても。それが、私がこのレースで身をもって体験したこと。私は壁に突き当たっていた。だけど、それを壁だとは認識していなかった。なぜなら、それを乗り越えることなど到底想像もできなかったから。

　それは長いレースの2日目の夜に入ったところで起きた。20時間近く走り続け、疲労困憊になっていた私は、次のエイドステーションでレースをやめようと決心していた。その決心は、スキーシーズンが2週間後に始まるという事実と同じくらい固いものだと思われた。エイドステーションに辿り着くと、椅子に腰を下ろし、スタッフに棄権する意思を伝えた。スタッフは当たり前のように、怪我をしていないかと尋ねてきた。どこかが痛むの？　食欲は？

　私は考え込んでしまった。痛みもなく、お腹はペコペコ。どうしてやめたいと思ったんだろう？　大変だったから？　それまでの最長記録よりもさらに6時間多く走ってきたから？　48時間も起きっぱなしで、眠たかったから？　私は途中棄権することを決心してから、数時間かけて数十kmも走ってきた。もうやめると心に決めていたし、これ以上走りたくなかった。でも、エイドステーションで椅子に座り、食料をとり、身体のどこにも痛みを感じていない自分自身を客観視すると、棄権はできないという気持ちになってきた。そう思った途端、ここに来るまでにずっと考えていた、やめる理由がどこかに消えていった。たいていのことは、どれだけ辛くなっても、いったん距離を置き、時間をかけてじっくりと客観的に考えてみれば、もう一度やり直せると思えるものだ。私は壁を濃い霧のようなものだと考えている。その深い闇に向かって一歩踏み出せば、実はそれが空気だったことに気づく。

　立ち上がってまた走り始めた。数時間かけて自分がつくりあげていた壁は、走るのをやめなければならないという思い込みは、風とともに消え去った。

　それは本当に簡単だった。私が頭に浮かべていた、乗り越えるのは不可能だと思えたその壁は、いともたやすく消えた。この取るに足らないような出来事は、後の私に大きな気づきを与えてくれた。時々、私たちは心の中で勝手に限界をつくってしまう。私はこの体験を通して、その限界は乗り越えられることがあると知った。この壁は、あのときのレースと同じように簡単に乗り越えられるだろうか？——そんなことトレーニングの時にも、普段の日常生活の中でも考えるようになった。同時に、その壁が頭の中でつくりあげられた理由についても理解しようとするようになった。怠けたい気持ちがあるからなの？　それとも他のもっと複雑な何かを隠そうとしたいから？　そして、私はその壁の先に進もうとする。▲

私は壁を濃い霧のようなものだと考えている。
その深い闇に向かって一歩踏み出せば、
実はそれが空気だったことに気づく。

THE POWER OF THOUGHT

思考の力

　人は、思考することで多くをコントロールできる。私は、ネガティブな考えも、思考によってポジティブなものに変えられると信じている。もちろん、それは良いこと。だけど危険でもある。自分の思考を支配する力を持っているという知識があると、壁を乗り越えるのでなく、それを単に無視することでコントロールできたと見なしてしまうという勘違いに繋がりかねないからだ。私は、人は自分の中のネガティブな考えにも向き合わなければならないとも信じている。ネガティブな考えと対峙し、それを乗り越えることで、何かを学べる。そうしてこそ、ネガティブな考えを持つことが建設的で、時には有益な体験になり、後の人生の糧にもなるのだと。

　心の中のネガティブな考えについて、じっくりと思考したかどうかを自問してみる。きっちりとそれを消化し、乗り越えることができただろうか？　それとも、ただ早く前に進みたいがために、問題を脇に置いてしまってはいないだろうか？

　この綱引きは、トレーニングをするかどうか悩んでいるときにもよく起こる。休むべき？　それとも怠けたいだけ？　もっとじっくり考えるべき？　それとももう考えるのはやめて行動に移すべき？　こんなふうに、自分の心に問いかける。

UPHILL TRAINING

登りのトレーニング

山頂に立ち、周りの風景を見渡しながら、ついさっき登ってきた坂に思いを馳せるときの気分がどんなものかわかる？　私はそのときの気分がたまらなく好き。とはいえ、山頂に長く留まることはあまりない。実際のところ、山を走っているほとんどの時間は、坂を登り下りしている。スピードは、下り坂の方がはるかに速い。

　登り坂を走るのは間違いなくキツい。だからこそ、それを快適にしたい。私はできる限り効率的な登り坂でのランニングストライドを見つけようと努力してきた。私は山を走るのが好きだから、1番長い時間をかけることになる登りで、気持ちよく走りたい。これはどんなことにも当てはまると思う。1日のうちの大半を費やしていること、好きなこと、なりたい自分になるためにすべきこと——こうした大切なことをできるだけ快適にするための工夫は、惜しむべきではない。

　自分をランナーだと見なし始めた2009年の夏、私はノルウェーのトゥルタグレという町にあるトゥルタグレホテルの受付で働いていた。トレーニングのほとんどは登り坂のランニングだった。アップヒルランニングは走力をつけるための快適な方法だと思っていて、その感覚を信じていたからだ。毎日走れるような身体をつくりたかった。走るのがただ楽しかった私にとって、それが唯一の目標だった。

　トゥルタグレは標高900mにある町。私は時々ヒッチハイクをしてフィヨルドまで連れて行ってもらい、そこから山まで駆け上がった。標高1,400mのソグネフジェレットまで、20kmの距離を走ったりもしていた。

　登り坂を走っているとき、最高の〝フローの状態〟に入ることがある。こう言うと、登り坂という言葉が比喩的に〝困難〟という意味で使われているだけに、矛盾していると思うかもしれない。登り坂の走りを考えるとき、最初に思い浮かぶ言葉はフローではない。私は、なぜ登り坂でこのようなポジティブな感情を経験するのかを考えてきた。それは呼吸の激しさと脚への強い負荷が完全にシンクロすることから生じる多幸感のためかもしれない。完璧ではないものの中に、完璧な何かを感じる。それは素晴らしいこと。あるいはそれは、過酷な現実を凌ぐために単純な何かに集中しようとすることからもたらされる感覚なのかもしれない。

[UPHILL]

— LES MARECOTTES, SWITZERLAND, 2016 —
スイス、レ・マレコット、2016年

頂に立つ

　登り坂で感じるフローみたい——それが、2016年の山岳スキーのシーズン前に私が味わっていた気持ちだった。私は緻密なトレーニング計画を立てていた。日によってはかなりハードな練習になることがわかってはいたけれど、この計画を予定通りに実行するだけの十分なモチベーションとエネルギーがあった。11月と12月は、長く、ゆっくりとした、完璧な登り坂を進むように過ぎていった。フローは毎回感じられたわけではないけれど、常にそこにあった。私にはこの感覚が確実に訪れることがわかっていた。トレーニングを続けていれば、遅かれ早かれやってくる、と。

　初めてのワールドカップのときは、調子が良かった。長い坂を登り終え、高い山の頂に立っていても足はまだなんともなかった。最初のレースは個人戦。私は約2時間かけて、標高1,600m付近にある4つの山のピークを踏んだ。結果は、なんと優勝！　これはアスリートとしての私にとって屈指の、最高の瞬間だった。この競技で個人戦に勝つのは不可能だと思っていたし、山岳スキーは際立った才能に恵まれた女子選手たちが一生をかけて取り組むスポーツであり、私は初心者にすぎなった。経験が必要とされる技術的な部分で何秒もの時間をロストしていたし、勝利はいつも遥か遠くに感じられていた。それなのに勝てるなんて。

　翌日は、坂をスキーで登るバーティカルの日。この種目ではたいてい、約700mの標高を目指して登る。最初はせいぜい銅メダルが現実的だと感じられていたけれど、ここでも自分の期待以上の銀メダルを獲得できた。シーズンの出だしで良い成績を収めたことで、ヨーロッパ選手権でうまくやれるという自信が芽生えた。

　山頂に近づいていくときには、特別な何かを感じる。これまでトレーニングに費やしてきた膨大な時間が、軽やかに、速く、そこに到達することを可能にしてくれている。どんな景色が待っているのだろうという、期待と好奇心が膨らむ。あの場所に立てば、何が見えるのだろう？

下り坂

　迎えたヨーロッパ選手権、私は準備ができていた。初日の最初の登り坂、感触は上々だった。私はその後に控える急な登りを念頭に置いて余力を残しつつ、できる限りハイペースで走った。最初の下り坂の時点では女子の部で2番手。2つ目の登り坂の手前でトランジットが見えてきた。20秒以内に胸ポケットからクライミングスキン（シール）を取り出し、スキーを外してスキー板にシールを装着する。トランジットに向かう途中で、後ろに何かが近づいてきているのを感じた。スキーの後端が引っ張られ、気がつくと私はコース脇の深いパウダーのなかに倒れ込んでいた。

　何が起こったの？　後ろの選手と軽く接触して、転倒してしまった。やらかしてしまった。ここから立ち上がり、再びフラットなトレイルに出て、下り坂で得られるスピードなしでトランジットに到達するには、かなりの時間がかかる。良い順位でフィニッシュできるチャンスが、秒刻みで減っていく。失われた時間のことを考えるのをやめ、深い雪の中から抜け出すことに集中しようとした。

　そのとき、膝に違和感を覚えた。奇妙な感覚だ。怪我をしたのかどうかさえわからない。フラットな場所に出て、トランジットに向かおうとしているとき、また別の女子選手に追い抜かれた。これで4位。悔しさで頭に血が上るけれど、集中しなければ。

　順位を落としたことで感じるフラストレーションは凄まじかった。ようやくトランジットに辿り着いたときには5位。膝の感触が思わしくない。私は自分と向き合った。調子も良かったし、完走したいという意志は強かった。でもそのとき、自分の健康と、人生で一番大切なもの——毎日トレーニングができること——を危険にさらしてはいけないという自分自身との約束を思い出した。そんな危険を冒すわけにはいかない。私はレースを棄権することにした。

希望

　それは苦渋の決断。この後に私を待っているのは何だろう？　膝の状態は？
　レースドクターの診断では、靭帯を軽く痛めてはいるが、たいした問題ではないだろうというものだった。念の為、後でMRI検査のために病院へ行った。
　そのとき私が抱いていた希望は、とても甘美なものでありつつ、打ち砕かれれば激しい痛みをもたらす類いのものだった。医者3人が膝を詳しく

でもそのとき、自分の健康と、人生で一番大切なもの
——毎日トレーニングができること——を
危険にさらしてはいけないという自分自身との約束を思い出した。

検査し、私に希望を与えてくれた。医者は十字靭帯が断裂しているにしては、膝が安定しすぎているので、おそらくは小さな断裂か靭帯を捻っただけだろうと言った。次のワールドカップまでにスキー競技に復帰できるかもしれない。そして、ヨーロッパ選手権は逃してしまうけれど、ワールドカップで勝つことに比べればたいしたことではない。もしかしたら、明日にはバーティカルに出場できるかもしれない。

MRIの結果が出て、私は足を引きずりながら医師の待つ部屋に向かった。医師は何も言わず、ただコンピューターの画面を見つめていた。「だめだ」「良くない…」「…十字靭帯が…」「…完全に断裂してる…」

そこから先の言葉は耳に入ってこなかった。すべてが消えた。十字靭帯断裂。重傷だ。数カ月は動くこともできず、ほぼ1年リハビリ生活を送らなければならない。

その日の夕方はとても奇妙な気分がした。ヨーロッパ選手権の最中だったので、私はスウェーデンの国立山岳スキーチームと一緒にスイスにいた。翌日のバーティカル種目に出場を予定していた私のチームメイトであり、友人たちだ。

直感的に、現実を受け入れ、前に進まなければならないと思った。何をしなければならないかはわかっていたし、すぐに理性的になれた。調べなければならないことのリストを書き出し、いくつかの手術の選択肢を検討し、それらがどのように実施され、その後のリハビリをどのように計画すべきか理解しようとした。これから数カ月間、何をして過ごせばよいのかも。

こんなふうに、考えなければならないことが一気に押し寄せてきた。ただし、それは私の一面に過ぎない。同時に私は大きな悲しみに襲われていた。前に進まなければならないのはわかってはいたし、ともかくまずは、バーティカルに出場するチームメイトを近くでサポートしようと思った。でもその一方で、私は自分の部屋に籠もってベッドに横たわり、6カ月後に膝が治った状態で目を覚ますことができればどんなにいいだろうかと考えていた。

どん底

翌日帰宅すると、頭に靄がかかったような状態で時間を過ごした。私にはもう何も残っていなかった。目標も、仕事も、情熱も、日常生活も、何もかもなくなっていた。喪失感と同時に、不安も生じ、次々と疑問が湧いてきた。アスリートにとって初めての大きな怪我はおそらく最悪のもの。怪我をしたことで生じるさまざまな疑問や感情を、一気に初体験する。私は身体を動かせない生活がどんなものかをまるっきり知らなかった。

私は怒ってもいた。この10年間、何より大切にしてきたトレーニングのモットーは、怪我をしないことだったのに。好きなときに走り、スキーをすることが、自分にとって一番重要なことだったのに。今、私はそれを奪われてしまった。しかも、怪我をしたのは私自身のせいではない。納得できず、現実を受け入れるのが難しかった。

ターニングポイント

何度も電話をして、いくつもの手術の選択肢を検討し、何日も暗い日々を過ごした後で、事故から13日後、スウェーデンのウメオで十字靭帯の手術を受けることを決めた。

それは私のターニングポイントにもなった。

私は自分に締め切りを課した。そのときまでは、最悪の考えを抱き、どん底の暗闇に自分を突き落としていた。悲しみ、落ち込みたかった。そうしないわけにはいかなかった。自分にとって一番大切なものを奪われたのだ。それは私にとって、世界中で何よりも価値のあるものだったから。

まるで夜の暗闇にいるみたいだった。それでもなぜか、私はどん底にいる自分を楽しんでもいた。奇妙に聞こえるかもしれないけれど、いつかはその暗い部屋から出ることができると知っていたから。それは、そのときの自分にとってもっとも重要なことだった。

私にはわかっていた。自分にとって何より大切な世界は一瞬にして崩壊してしまったけれど、まだほかのものがあるということを。そこには何かがあった。たとえ小さく、以前は認めていなかったも

**自分ではどうしようもできない状況を受け入れることにした。
そうすることで、心はいくらか落ち着いた。**

のだったとしても。

　十字靭帯断裂という気が滅入るような現実を突きつけられ、憂鬱になってしまうときもあった。それは世界中で起きているどんな出来事よりも、私にとって大きなことだった。でも、起きているあいだ、ずっとそんなことばかりも考えてはいられない。ある意味で、これは自分がこれまで人生をかけて打ち込んできたことに対してある程度の距離を保ち、客観的に俯瞰するためのよい機会でもあった。でもその一方で、自分に何より大切なことを完全に脇に置いてしまうこともできなかった。どうあがいても、私の愛も、情熱も、仕事も、すべてが一瞬にして奪われてしまったという事実に変わりはなかったから。

　暗い穴に再び落ち込み、これ以上耐えられないと感じたときには、怪我をしていない方の足のことを考えるようにした。私はその足で立つことができた。落ち込んだ私の日々を明るくしてくれたのは、友達や恋人、家族、庭、好奇心。それは走ること以外で、以前から私を幸せにしてくれていたものたち。それらは手を伸ばせば届くところにあった。だから私はできる限りそれらに目を向けることにした。

前を向く

　手術後はすべてが上向きだったと言えば嘘になる。前を向いてポジティブに生きていこうと決めてはいたけれど、夜眠り、朝起きればそのまま走りに出かけられる生活ができればどんなにいいだろうかと思うこともあった。山を見渡したり、友達や他の選手が今まで自分がしてきたのと同じようにトレーニングやレースをしているという話を聞いたりしたときは特にやるせなかった。山を走りたい、呼吸に合わせて激しく筋肉を動かすあの感覚を味わいたいと強く感じるときは、実際に身体に痛みを感じているような気がした。

　私はこの時期に、やりたいことリストをつくってみた。新しいことに挑戦できないだろうか？　自分がもっと学ぶべきことは何か？　これまでは忙しくて時間が割けなかったことは何だろう？

　自分を哀れみながら、ソファに寝そべりテレビ番組を見て過ごしていた日もある。そんな日は、別にだらけていたってかまわない、人生のあらゆることにたいした意味があるわけではない、と自分に言い訳をしていた。そうして自分の殻に閉じこもり、退屈な時間を過ごしていたことにも意味はあった。たとえばそれは、ただ自分を哀れんでいるよりも、もっといい生き方があるという気づきを得たことだった。

　私たちは毎日の生活を有意義にしてくれる何かを探さなければならない。怪我をしていたとき、リハビリは私に生きる目的を与えてくれた。それは私が本当に望んでいたものとは程遠かったけれど、時間をかけて辛抱強くリハビリに取り組めば、再び自分が本当にやりたいことができるようになるとわかっていたから。

　広い菜園の手入れや森や茂みの草刈り、薪割り、他のプロジェクトや研究などをするための時間があったことには感謝していた。でも、これらは自分が本当にやりたいこととして選んだものではないという感覚が心のどこかにあった。自分が感じていることの正体が知りたくて、心理学の雑誌記事や自己啓発書を読み、スポーツ心理学者にも会った。そして私が経験したプロセスが極めて正常なものであることを知り、ほっとした。どん底まで落ち込みながらも、そこから抜け出し、前を見ようとすることの大切さは、私がこうした読書や自分自身の気づきから得た最大の学び。私はまさに、書物に書いてあるのと同じプロセスで立ち直ろうとしていた。

　それでもこの体験がキツかったことには変わりはない。とにかく走りたかった。私はそれまで、走る以外のことを積極的に選ぼうとしてこなかったから。私はここでもまた、同じテーマに突き当たった。それは、選択の自由を得ること。それが、自分にとって何よりも重要なことだった。私には、この状況を受け入れ、前に進むべきだということがわかった。私は選択をした。怪我をしているという状況は自分が望んでつくり上げたものではなかったけれど、それを自分の意思で選択することにしたのだ。そうすることで、私は心の落ち着きを取り戻せた。

　走ることに比べれば、私にとってその他のあらゆることは二の次になる。それでも、私は自分が何をするかを主体的に選ぶことを心がけた。いざやってみると1日の終わりには、何も積極的にしなかった場合よりも有意義だと感じられたし、なんであれ自分が選んだ行動に集中することが大切だった。▲

BEGINNING FROM WITHIN

内側から始める

　ヨガの、〝気づき〟に関する哲学は興味深い。私はリハビリの間に、10代の頃から時々かじっていたヨガについて、書物であらためて学んでみたり、怪我をした状態でもできるヨガのエクササイズをしてみたりした。物事を認識する方法について、ヨガから学べることは多い。すべての変化は内側から起こる。周りの世界に対して、どう反応するかは、私たちの心次第。真実は内側から生まれる。気づきを得ることが、正しい方向への一歩になる。

　私たちの存在をつくりあげているのは、私たちの心。私は基本的に、この考えに共感を覚える。ただし現実世界では、自分の力ではどうにもならない物事が起こるのも事実だ。ヨガが説く、〝どんなことがあっても平然とそれを受け入れ、前に進め〟という教えは、私個人としては受け入れるのが難しいと感じることもある。これを実践するためには、まだまだ修業が必要だ。

　とはいえ、〝自分がいま手にしているものに感謝し、それを最大限に活かすことを心がけて生きるべきだ〟というヨガの哲学は美しく、私たちの心に安らぎを与えてくれる。私は幸運にも、自分が望む状態や日常生活に戻れるという信念のもとに、リハビリに取り組めた。どん底の日々がやって来たとき、170kmのトレイルレース、ディアゴナル・デ・フゥを走ったときと同じように、自分のアプローチだけを変えればいいことを理解した。とてもシンプルだけど、実践するのは難しいことだ。壁を乗り越えること。物事を大局的な視点でとらえること。▲

THE MEANINGFUL
有意義に生きる

リハビリ期間中には、いくつか興味深い気づきがあった。でも、他人から「後で振り返ると、このリハビリの時間に感謝することになるはずだよ。新たな視点が得られるし、自分がいつもしてきたことの価値が改めてわかるようになるから」と言われると、ひどく腹が立った。私は自分がランニングやスキーをどれほど好きかを確認するために怪我をしたわけじゃない！

それでも、私がこの時期に気づいたのは、自分にとって一番大切なものをどれだけ愛していようとも、人生の他の側面にも興味を持つのは重要だということだった。ただし、それらには多くの時間をかける必要もないし、積極的に行わなければならないわけでもない。ただそこにあり、いつでも好きなときに手を伸ばせるものであればいい。時々頭に浮かべるだけで十分だ。私は Instagram アカウント@ Moon Valley Small Farming を開設した。そこでは、自給自足で生活するという自分の夢について表現することができたし、自然と調和した持続可能な方法での暮らしを実践している人、望んでいる人たちもフォローできた。こうした他の何かが、片足を怪我し走ることができなかった私に、この先どんなことがあっても自分らしく生きていけるという自信を与えてくれた。

何が自分の生活を有意義なものにしてくれるか、それをはっきりとさせることが重要だった。私はこの機会を利用して、農業や、人体（解剖学）についてもっと学びたいと考えた。どれくらいの時間をかけて勉強するかという計画を立て、数週間単位での学習目標も設定した。走れない日々の中で退屈さを覚えたときも、こんなふうにやりたいことを決めていたのが心の支えになった。暗い穴に沈んでいても、その気になれば穴の縁に手をかけることができたのだ。

あのぬかるんだ暗い穴から抜け出すことは、長く、恐ろしく、険しい坂を何度も登り切ってきた経験にたとえることができる。私はこれまで、自分と戦いながら、数多くの険しい坂を登ってきた。何時間もひたすらに足を動かし、感情や感覚の一部をシャットアウトしながら、走り切ってきた。坂を登り終えたら、呼吸を整え、達成感を味わい、自分をねぎらう。しばらくして、また穴に落ち込んだとしても、自力でそこから這い上がったという成功体験は忘れない。それは、きっとまた同じことができるという自信になる。次の登りは長く難しいかもしれない。あるいは、簡単かもしれない。平らな道が開け、快適な足取りで走れるようになるかもしれない。何が待っていても、私は暗い穴を置き去りにして走っていける。▲

— EXERCISES —
UPHILL RUNNING
アップヒルランニング

登り坂の走りで差をつけるためのテクニックとインターバル

登りのインターバルは最高！私は、身体にかかる負荷を友達のように感じながら、限界まで自分を追い込める、あのアップヒルの感覚が大好き。

なんでもそうだけれど、好きなことなら楽にできる。登り坂を走るのはキツく、スピードも出ない。だからそれが好きだというのは変に思えるかもしれない。でも、試してみてほしい。あきらめずに走り抜いてほしい。うまく走れたときの感触は、とても素晴らしいものだから。

正しいテクニックを見つけよう

まずは、自分にとってできる限り快適な走り方を探ろう。アップヒルには、さまざまな角度でさまざまな筋肉を使う、多種多様なテクニックがある。たとえば、非常に急勾配な坂を走る場合は、次の2つの方法をとれる。

→大きな歩幅で速く歩く。手や腕で太ももを押して反動をつける。

→短い歩幅で、ピッチを早めにして、歩くよりも走る感覚で登る。太ももの前部の筋肉を使うことを意識する。

どちらもスピードは同じくらいだけれど、2つの走法を切り替え、別の筋肉群を刺激すると効果的なトレーニングになる。

私のアプローチ

アップヒルのトレーニングで疲れを感じたときは、歩幅を短くして走ることを心がけている。疲れている状態では、それが一番負荷が高まるから。基本的には、私は歩幅を大きくして速めに歩くスタイルが好きだけれど、苦手なほうを選ぶことでトレーニング効果を高めたいと思っている。

登り坂でもっとも効率的なテクニックは、大きな歩幅で一定のリズムを保ちながら走ること。でも、それはもっともキツい走法でもある。

— EXERCISES: UPHILL RUNNING —

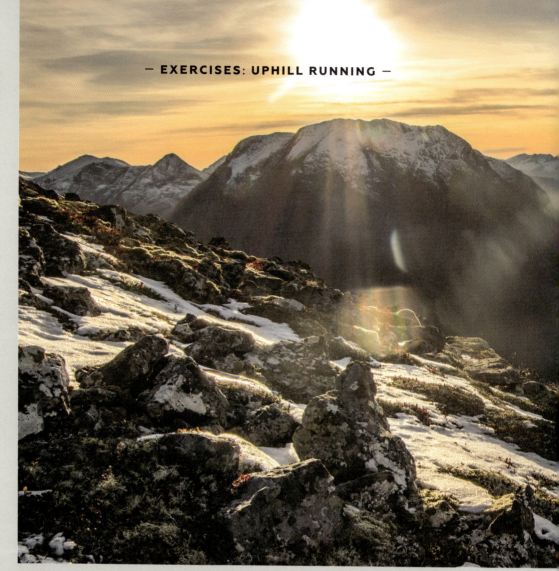

私のお気に入りのインターバルトレーニング

登り坂でのランニングや最大酸素摂取量の向上に役立つ、私のお気に入りのインターバルトレーニングをいくつか紹介しよう。回数が多すぎると感じたら、減らしてかまわない。私がここで提案する回数は、あくまで最終的な目標だととらえてほしい。私自身も、最初からこれだけ多くの回数を走れたわけではない。自分に合ったレベルから始めよう!

ラン2分＋休憩1分×10回

比較的簡単なインターバル。2分間は扱いやすい長さだ。しばらくインターバルトレーニングから離れていて久しぶりに再開するときや、レース間近でトレーニングの量を減らしたいときなどに有効だと思う。インターバルの最中、自分の走りをコントロールできているという感覚を持つことが大切。乳酸閾値近くまでの激しい運動はしてもいいけれど、それを超えてはいけない。10回（または自分が決めた回数）繰り返せる強度で行うこと。

ラン4分＋休憩1分×6回

前のトレーニングより、運動強度が高くなる。乳酸閾値の範囲内で行うが、最後にはかなりそれに近づく。すべての繰り返しで同じ速度を保つようにしよう。

ラン10分＋休憩2分×3回

レーススピードを意識して走ろう。キツいインターバルトレーニングだが、持久力が高まり、速いスピードで走る良い練習になる。

ラン 30 秒＋休憩 30 秒×10回×3セット（セット間に2分休憩）

　瞬発力重視の、かなりキツいインターバル。面白いことに、持久系のトレーニングに瞬発系の要素を取り入れると、全般的なトレーニング効果を高められる。

　インターバルトレーニングは、最初は遅いペース、少ない回数で行い、徐々にペースを上げ、回数を増やしていくことをお勧めする。キツすぎる設定をして、2度とこのトレーニングはしたくない、と拒絶反応を起こしてしまうよりも、毎回、小さな驚きと共に少しずつ自分の成長を感じられるほうがはるかに楽しく練習できる。重要なポイントとして覚えておいてほしいのは、12分以上の激しいランニングをすることで、トレーニング効果が大きく高まるということ。まずはこれをスタート地点にしてみよう。

なんでもそうだけれど、
好きなことなら楽にできる。

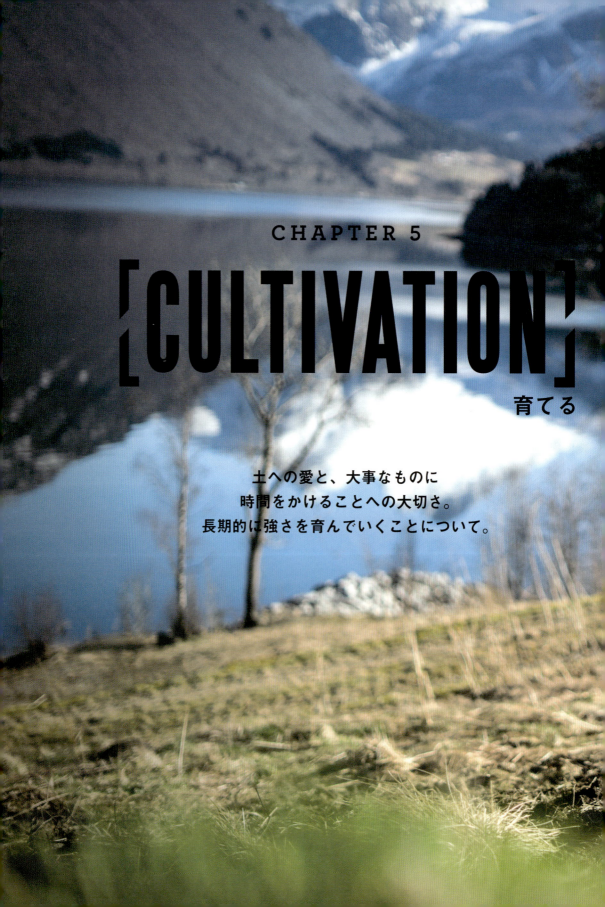

CHAPTER 5

[CULTIVATION]

育てる

土への愛と、大事なものに
時間をかけることへの大切さ。
長期的に強さを育んでいくことについて。

[CULTIVATION]

ー MOON VALLEY, 2017 ー
ムーン・バレー、2017年

〝育てる〟という言葉が好き。
この言葉は、野菜や植物、
ハーブを栽培するという意味だけでなく、
さまざまなことへの比喩に使える。
自然や食べ物のこと、
〝自然を大切にする〟という
何よりも大切なことも思い起こさせてくれる。
興味や関心を育てるということも頭に浮かぶ。
何事をするにも時間をかけること。
自分自身のやり方で試してみること。
何年もかけて試行錯誤し、同じ事を繰り返しながら、
より良いものにしていくこと。
この言葉は、そんなふうに実直かつ丁寧に
物事に取り組んでいくことの
大切さを教えてくれる気がするから。

子供時代

　子供の頃、姉と私は祖父母の家で多くの時間を過ごした。夕食には新鮮なジャガイモを、デザートにはイチゴを収穫するのは当たり前のことだった。祖父母のことを思い出すとき、それらは鮮明な記憶としてよみがえる。父方の両親は農業を営んでいて、森と納屋を所有していた。牛を売ったので納屋は空だったけれど、私たちが小さい頃にはまだジャガイモと野菜の畑が青々としていた。それはシンプルな生活だった。屋外で作業し、昼食と夕食をとる。時間があれば、夜にテレビを見る。
　祖父母が亡くなったとき、私は16歳だった。大きな赤い納屋と白い家、周囲の森が売りに出された。私は密かにいつかこの土地と家屋を買うことを夢見るようになり、土を耕し、動物を飼い、農場を拡張して、生計を立てたいと思った。
　その頃の私は、人が本当に幸せになるためには何が必要なのかについて思いを巡らせるようになっていた。小さなことで幸せになれたら良いのにと考えていた。可愛くなるために新しい服を買う必要もないし、人気者になった気分を味わうために友達といつも一緒にいる必要もない。安らぎや幸福を得るために物質に頼る必要もない。食べるために本当に必要なものだけがあれば、人は幸せになれるはずだ——そう考えたかった。好奇心から興味や関心を育てる。種を蒔き、こまめに世話をして、植物を大きく育てる。友情にも水をやり、育み、花を咲かせる。愛を育むのも同じこと。
　これらはすべて、何かの世話をすること。本物の何かを、私たちが生きることを可能にする何かを育てること。

もといた場所に戻る

　何年ものあいだ、私はたくさん移動をしてきた。住む家も拠点とする山も転々としていたので、自分の庭を持つことなど想像もできなかった。でも、誰かと一緒に土をいじる機会はいつも探してきた。私は25歳になるまで、放浪者のような生活に憧れていた。私は変化を求め、新しいものを見て、未知のものや好きなものを探していた。とにかく山に登りたかった。数年間、1年のうち短期間しか働かず、それ以外の期間は世界有数の登山地を渡り歩いていた。同時に私は将来、自分の畑を持ちたいという未来を夢見るようにもなっていた。その思いは根無し草のような日々を送る私の心の支えになっていた。心の底では自分が本当はどんな人生を送りたいのかをわかっていた。16歳のときに心に描いていた、地元のハイコーストで祖父母の土地を耕しながら生きていけたらというあの願いが、再び胸に迫ってくるようになっていた。

　スポーツを職業にして、スポンサーからお金を得て暮らすことは、手を伸ばせば届くところにあったと思われた農家の生活とは離れていた。私の仕事は畑を耕すことではなく、スポンサーを満足させ、スポーツウェアや装備をテストし、レースで活躍し、SNSで情報を発信して、世の中に自分を認めさせることだった。常に、他人からの評価の目にさらされる仕事。でも幸いにして、私はパフォーマンスや結果に対する世間からの評価ばかりを気にして、それに囚われてしまうという罠には、はまったりはしなかった。

最初の一歩は、地面を耕すことから

　ノルウェー北部のトロムソを拠点にしてレースと移動をする生活を1年ほど過ごした後、私たちは主に移動距離を減らすことを目的として、フランスのシャモニーへの移住を決めた。そして、登山家やスキーヤーのメッカとして知られるシャモニックスから15分ほどのところにある、小さなシャレーに引っ越した。家の前には小さな菜園があった。すぐに野菜を育てることを考えた。これからは移動時間も減るので、小さな菜園を手入れする時間はたっぷりある。庭の低い方に、草の少ない小さなエリアがあった。完璧だ、と思ってさっそく耕し始めた。その地面にはたくさんの砂利が含まれていたけれど、私は頑張って耕し続けた。気が遠くなるほど長い時間をかけ、腰が痛くなってきた頃、隣人が立ち寄った。私のつたないフランス語にもかかわらず、彼の言葉からは、村人が私たちを歓迎してくれていることがわかった。私が掘っている地面のあたりは、冬のあいだに大きな機械か何かを置いておく場所であることも。そう、その機械とは除雪機だった。だから、土には砂利がたくさん含まれていたのだ。つまり、そこは菜園にするには最適な場所ではなかった。でも、私は諦めたりせず、新しい場所を選んで菜園をつくることにした。

　庭に菜園をつくったことがある人なら誰でも、その作業には時間がかかることを知っているはず。根を取り除き、木立から土を揺すり、まだ土に残っている根を取り除き、雑草を取り除く。それは簡単な仕事ではなく、数日かかる。ランナー特有の私の貧弱な背筋は、この手の重労働には向いていない。畑を耕し終えると、村の牛を飼っている農場に肥料を貰いに行った。怪しげな私のフランス語で、なんとかコミュニケーションをし、そしてついに種をまく時期がやってきた。

　私はできるだけたくさんの野菜を育ててみたかったから、畝を10個つくり、それぞれ違う種類の野菜の種を植えた。賢くもないし、安くもない方法。それでも、収穫はまずまずだった。思ったほど穫れたわけではなかったけれど、自分の庭で育った野菜を使って料理するのは楽しかった。

　翌年は、前年の経験を踏まえて計画を立て、野菜の種類を減らし、菜園を少し広くした。広くしたといっても、わずか数平方mを耕しただけだったから、たいした手間ではなかったし、何種類かの種は土に植える前に屋内で育てておいた。こんなふうにして、私は毎年少しずつ野菜の育て方を学んでいった。収穫は私の成長を物語っていた。野菜の量は増え、手間暇は減った。

　野菜を育てることを通じて、村人たちとも交流するようになる。コーヒーを飲みながら、収穫の話をしたりもする。マウンテンランナーとしての自分以外の場所で、こうして生活を築いていくのはとても楽しいことだ。

ゆっくり急ぐ

　アルプスで3年近く過ごした後、キリアンと私は、手つかずの自然が残る北の山々への憧れを強め始めた。観光客が少なく、スキーリフトも少ないような山。私たちが求めていたのは何よりも山だったから、選択肢はたくさんあった。アラスカ、ピレネー、ノルウェー、スウェーデン、イタリアなどが候補にあがった。その中で、もっとも合理的な選択肢だと思えたのはノルウェーだった。地元のスウェーデンに近く、山々は素晴らしい。私たちは2人ともノルウェーに住んだ経験もあった。結果として、ロムスダレンが私たちにとって最適なエリアだと判断した。2016年の春、私の膝の手術とキリアンのレースの合間に、この地に移住した。新しい家で暮らし始めるとすぐに、手術を受けたばかりで運動ができない私は、庭を見渡せる窓の前のソファを定位置にして、その夏の計画をノートに書き始めた。ここでは、思う存分野菜を育てることができる！　どんな菜園をつくりたいかを計画をする時間も、冬がくる前にあれこれと来年の準備を整えておく時間もたっぷりとある。私は大きな夢を描いていたけれど、過去の経験からまずは小さく始めるのが最善策だということも学んでいた。小さなステップを段階的に積み重ねていくほうが、いきなりすべてを実現させようとするよりも簡単だ。もちろん、理想的な菜園をつくるには時間がかかるだろう。おそらく、数年は要するはず。それでも、徐々に知識を増やしながら、それを今までの経験に加えていく方法が一番私に合っている。近所の人に畑を耕してもらうように頼んでも良いと思ったけれど、結局は遠慮しておいた。大きな夢を夢想するのはいいことだけれど、まずは地道なところから始めるのが大切。何より、自分が立てた計画を着実に実行していくことが重要。

　怪我をしていたつらい時期、畑を耕し、家の周りの森を切り開く時間が心を和ませてくれた。この土への関心が私の人生をどこへ連れて行こうとしているのかは自分でもまだよくわからない。将来的に農業を本業にするかもしれないし、あくまでも自分たちが食べる分だけの野菜を趣味と実益を兼ねて育てるのかもしれない。いずれにしても、土を触っていると、私は本来の自分らしくいられると感じる。▲

PERFORMANCE

パフォーマンス

　どのようなパフォーマンスをするかは、最終的には選手自らが決めるもの。一見すると、外部から要求されているように思えるかもしれないけれど、実質的にはそれは選手自身の価値観や哲学、判断によって決められていると言っていい。選手は自分を大切にしなければならない。どんな荷物を背負いながら生きているかを知っているのは、究極的には自分しかいないのだから。

　私は初めてスポンサー契約を結んだときから、パフォーマンスについてこうした考えを持っていた。自分が大切にしている価値観が何かははっきりとしていた。だからスポンサーに自分の望みや哲学を伝えることはとても重要だった。私にとって一番大切なのは、レースで勝つことではない。競争に勝つことだけを唯一の目標にするのは、私の流儀には合わない。私がこの競争の世界で生き続けられるのは、山や走ること、スキーを愛する気持ちが保てているから。だから、あるレースやイベントが自分の価値観に合わないと感じた場合は出場を見合わせる。毎シーズン、新しいものを含めて数多くのレースが開催される。自分が出場したいと思うレースを選ぶことが大切だ。

　自分が愛する競技で、最高のパフォーマスを発揮するためにトレーニングをすることは、庭の畑で野菜を育てることに似ている。まったくかけ離れたもののように思えるかもしれないけれど、私に言わせればいくつも共通点がある。たとえば、忍耐力や献身が必要なこと。撒いた種を育てるために常に世話をしなければならないこと。数週間、数カ月間離れていると、その時間を取り戻すのが大変になること。その結果として、収穫が減ったり、まったく無くなったりしてしまうかもしれないこと。それでも地道に努力を積み重ねれば、いずれは元の状態に回復できるかもしれないこと。▲

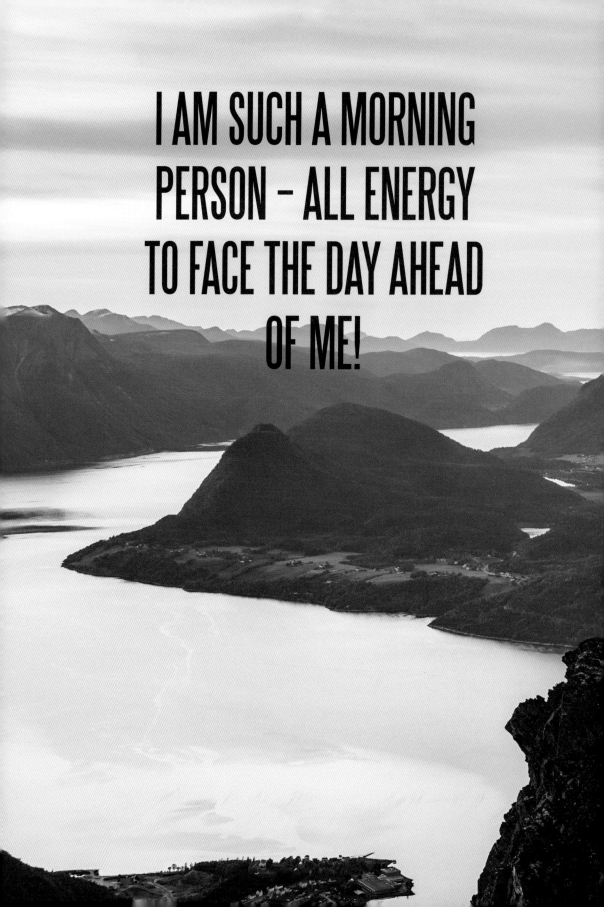

CULTIVATION 101

私は完璧な朝型人間。目覚めると、一日を過ごすためのエネルギーが全身に満ちあふれている。

誰かに与えられる何かの中で、時間ほど美しいものもない。野菜を育てるときも、急がず、時間をかけ、辛抱強くあることが大切だ。
　自分のしていることの正しさを確認するには、しばらくのあいだ立ち止まってみるといい。他にやりたいことがなく、自分がいる場所以外に行きたい場所がないのなら、正しいことをしている証。私は、庭仕事をしているときにそう感じる。自分にとって正しいことをしているという感覚がある。電車に乗り遅れはしたけれど、駅には友達がみんないるので大丈夫——そんな感じ。一番大切なものと一緒にいるから、何を逃しても問題ない。
　私たちは目標を持って生きている。だけど、大半の時間を過ごすのはゴール地点ではなく、そこに辿りつく過程だ。アスリートの場合なら、それはトレーニングになる。
　ウルトラマラソンは、野菜を育てることに似ている。私は数年単位で少しずつ身体を鍛えていくことの価値を信じている。長い期間をかけてトレーニングすることで、関節や筋肉は長距離走に適応していく。
　人体には、驚くべき適応性が秘められている。ただしそれを引き出すには、適応のために身体が必要としているペースで負荷を与え続けなければならない。同じウルトラマラソンを走ることを決意するにしても、まったくのスポーツ経験がない状態の人と、すでに他の競技をしていてトレーニングのベースがある人とでは事情が違う。当然、必要な準備も異なる。
　私は、ウルトラマラソンを初めて走る数年前に長距離走を始めていて、それは怪我を防ぐのに役立ったと考えている。長い距離を走ることを通じて自分自身を知る機会を多く持てたし、タイムへのプレッシャーもなかった。ウルトラマラソンを走る準備を整えるまでには、相当の距離を走り込んでおく必要があった。走ることに没頭したトゥルタグレで過ごした夏、私の唯一の目標は、毎日走りたいときに走れることだった。ゆっくりと身体をつくりたかったから、無理はしなかった。常に身体の声に耳を傾けた。筋肉の感触をたしかめ、休むべきかどうかを判断した。ストレスの原因になるような目標も、コンディションを最高の状態に仕上げなければならないレースもなかった。
　トレーニングで培った走力に自信がつき、うまく走れるという予感がある状態になって初めて、私は自分の限界をレースで試した。そして、31時間も走り続けた。しかも、最高に気分が良いと感じながら！
　何事にも変化はつきもの。私の走ることへの情熱やモチベーションも、時間の経過とともに変わっていった。でも、核となるもの——すなわち愛——は、何も変わらずにそこにある。走ることが職業となった今でも、私の目標は身体を動かしたいという気持ちを大事にすること。できれば毎日、1日数回、身体を動かしたい。この気持ちを、私は何よりも大切にしている。▲

— EXERCISES —
WANTING TO COME BACK
復活への意欲

前進し、改善し、長期的な力をつける

　私のトレーニングの道のりは、ランニング・セッションについてメモを取り始めたときに再開した。週間、月間の走行距離を把握することは、走ることに本格的に取り組み始めるにあたっての大きな一歩になる。走った距離とタイムを書き留める。ゆっくりと急ぐ。一週間の走行距離と累積高低差を確認したら、翌週はそれを5〜15%程度増やしていく。

モチベーションを見つける

　私はなぜ、また走ろうとしているのだろう？　来る日も来る日も、何週間も続けて走ろうとしている理由は何だろう？　モチベーションの源はレースかもしれないし、単なる気分かもしれない。あるいは他の何かかもしれない。ともかく、まずは走るための動機をはっきりとさせよう。その理由は、時間の経過とともに変わることもある。自分の心の声に耳を傾け、新しい状況に応じてトレーニングの内容を調整していこう。

持久系トレーニング方法、その1

　私の好きなトレーニング方法は、数日休みを取って山に行くこと。着替えと1日分の補給食とクレジットカードが入った小さなバックパックを持参する。そして、走る。スウェーデンには完璧な間隔と距離の、素晴らしい山小屋のネットワークがある。このトレーニングでは、ゆっくりとしたペースで柔らかい地面の上を長時間走る。小屋と小屋の間を走ることは、低い負荷で持久力を高めていくための優れた方法。

持久系トレーニング方法、その2

　もう1つの方法は、ダブルセッションをすること。季節が冬なら、まずスキーの練習を数時間してから、ランニングシューズに履き替えて1時間ほど走る。身体は疲れていても、使う筋肉は違う。トレーニングの強度は高くはないけれど、疲労はスキーのトレーニングから生じているので、ランニングで使う筋肉がまだ新鮮な状態で走れる。

トレーニングに変化をつける

　気分がのらなければ、2、3日走らなくてもかまわない。そんなときは、他の運動をしてみよう。ヨガ、エアロビクス、ダンス、アイススケート、サイクリング、ボクシング——選択肢はいくらでもある。

スキーからランニングへの切り替え

　冬のスキーシーズンが終わると、まず5kmを2、3日走り、その後10km走る。毎年この時期には、スキーからランニングへと身体を慣らしていくために、休養日を1日増やして合計で週に2日とるようにしている。トレーニングの内容を変えたり量を増やしたりするときは、時間をかけて身体の声を聞くことがさらに重要。怪我をした後も同様。膝の手術をした後の夏も、スキーからランニングへの切り替えは例年と同じようにできると思っていた。でも、すぐにいつものようには走れなくなっていることに気づいた。走る距離を減らし、リハビリをして、休養日を増やすことでこの状況に対処した。

BALANCE AND STRENGTH

バランスと筋力

　自分自身のことをランナーだと見なすようになる前は、数年間、登山（クライミング）に専念していた。定期的な登山をやめて数年が経過し、年に数回しか登山をしなくなってからも、しばらくは身体のバランスが保たれ、強さがあり、手足をうまくコントロールできていると感じていた。登山をしていた経験から、上半身の筋力が落ちている、腰の力が弱くなっている、体幹の強化が必要——といったことにも敏感に気づくことができた。

　ウメオでの学生時代、私は上半身の筋力をうまく保てていた。同時に、かなりの距離を走っていた。冬場はクロスカントリースキーが多くなり、当然ランニングの機会は減る。でも大学生の生活は自由度が高かったので、週に12〜15時間のトレーニングができた。

　たいてい、午前中に走り、午後はパワーヨガ（ビニヤサ）や筋力トレーニングをするか、もう一度ランニングをした。基本的に1日2回トレーニングをし、週に1日休んでいた。ウメオはかなりフラットな地形なので、登り坂でのインターバルトレーニングは、そこにある唯一の丘、標高40mのブルンテベルジェで行った。標高40mというとたいしたことはないと思うかもしれないけれど、20回もやればかなりの強度になる。

　2013年にプロのマウンテンアスリートになったとき、夏のあいだはランニングに集中した。まだ山岳スキーは始めていなかったので、3月から11月にかけてもたくさん走った。冬のあいだも、クロスカントリースキーやスキーツーリングをする傍らで走ることも続けていた。

　奇妙に聞こえるかもしれないけれど、このようにトレーニングに打ち込んでいた数年間で、筋力が衰えたという感覚があった。走った時の歩幅が小さくなり、上半身が以前ほど強くないと感じた。特に下り坂では、上体を起こして良い姿勢を保っていないと腰に負担がかかる。登山をしていたおかげで過去2年間は筋力を保てていたけれど、それが次第に衰えてきたのだ。極端な衰えではなかったけれど、それでも足や腰、尻など、今までは体験したことがない部位に疲れを感じるようになった。

　どのような競技であれ、上達のためには本格的なトレーニングが不可欠だ。そのトレーニングを支えるためには、全身の筋力を鍛えておくことも欠かせない。日常生活でどんな筋肉を使っているか、過去にどんなスポーツを経験してきたかに応じて、代替トレーニング、筋力トレーニング、ランニングの自分にとって適切なバランスを見つけていく必要がある。▲

— EXERCISES: STRENGTH AND BALANCE —
MAINTAINING YOUR STRENGTH
筋力を維持する

シンプルなエクササイズで怪我を予防する

走った後、自宅で筋力トレーニングをするためのモチベーションを見つけるのは難しいかもしれない。だからこそ、それを習慣にしてしまおう。私が筋トレをする動機は、それが怪我の予防になること。走る時、特に下り坂では、良い姿勢を保つために多くの小さな筋肉群を使う。だから、これらの筋肉が強いことはとても重要。これから紹介するシンプルなエクササイズは、これらの小さな筋肉群を鍛える。軽視されがちだけれど、走った時に身体を最適に働かすために欠かせないこれらの筋肉を鍛えよう。それによって、怪我を予防でき、トレーニング負荷に対処し、全身のコンディションを高められる。

私はモチベーションを保つために、これから紹介するエクササイズのうち、5種類のみを行うようにしている。1回1分間を、3回繰り返す。たったの15分間だから、長くは感じない。調子がいいときには、10種類のエクササイズすべてを3回ずつ行うこともある。

バランス運動
　バランスプレートの上で腰を突き出すようにしてバランスを取る。足や足首の小さな筋肉を鍛える効果がある。
　バランスプレートに立ち、片足ずつ外側に動かす。

四つん這いバランス

これも、小さな筋肉群を使ってバランスを取るための、一見するとシンプルなエクササイズだ。

四つん這いの状態から、右腕と左足を上げて外側に伸ばす。次に、左腕と右足を外側に伸ばす。このとき、腰骨を平行に保つこと。可能なら、正しい姿勢をとれているかどうかを鏡でチェックしてみよう。

シザース

仰向けに寝て、両足をまっすぐに伸ばして上げ、そのままゆっくりと地面に向けて下ろし、地面から数cmのところで止める。その状態で、30～60秒間、ハサミのように両足を左右に動かす。腰は地面につけたままにする。

プランクでの足の運動

正しい姿勢で筋力をつけ、骨盤を支えて背筋を伸ばす、最適なエクササイズ。

プランクの姿勢をとる――足指、肘または手（ハイプランク）を地面の上に置いて身体を支える。右膝を右腕に近づけ、次に左膝を左腕に近づける。お尻を平行にして、身体の中心を動かさないようにする。背中が丸まり始めたら、運動を止めて休む。

ボトルスイム

ランナーは、背中の筋肉を鍛えるのをおろそかにしがち。私はよく前のめりになって下り坂を走るし、スキーシーズンには前傾姿勢をとることが多い。そのため、夏のあいだに背中を鍛えて、冬に前屈みの姿勢へのバランスをとろうとしておくことは重要だ。このエクササイズでは、肩や腕だけでなく腰も動かす。ウエイトやボトルを使って行う。

まっすぐに両足を伸ばして腹ばいになる。上半身を起こし、ボトルを片手に持って泳ぐときのような動作をする。半分の時間が経過したら、手を入れ替える。

— EXERCISES: STRENGTH AND BALANCE —

どのような競技であれ、
上達のためには本格的なトレーニングが不可欠だ。
そのトレーニングを支えるためには、
全身の筋力を鍛えておくことも欠かせない。

腰を安定させながら脚を動かす

　この運動は比較的簡単にできるが、腹筋の内側の小筋肉群、腰の筋肉、太ももと殿部の裏側の筋肉を強化できる。
　仰向けに寝て、かかとをお尻の方へ引っ張り、足裏を地面につけて、腰を地面に平行にしながら胴体を押し上げる。片足ずつ、まず外側に、次に上に向けて伸ばす。腰が落ちるとすぐにわかる。また、左右どちらの側の筋肉が強いのかを簡単に見分けられる。

トゥー・ディップ

　腹筋の内側の小筋肉群を使うエクササイズ。激しい運動ではないけれど、得られる効果は大きい。
　仰向けになり、両足を上げる。片足をまっすぐに保ったまま、もう一方の足の膝を曲げ、つま先をゆっくりと地面につける。足を替えて交互に行う。腰は常に地面につけておく。

トライセプスプレスとプッシュアップ

　私は冬を控え、全身の筋肉を鍛えたいときにこのエクササイズを行うこともある。
　うつぶせになり、両手と両足のつま先を床につけ、背筋を伸ばして上に押し上げる。

CHAPTER 6

[NATURAL]

自 然

ナチュラルな生活を送るための、ナチュラルなエネルギー。
身体にエネルギーを与えてくれる食べ物を見つけることと、
私が大好きな料理のレシピ。

[NATURAL]

— TROMSØ 2013 —
ノルウェー、トロムセー、2013 年

ハンペロッケンの山頂までは、15 分ほどの距離に見えていた。
でも、そこに通じるテクニカルな尾根は、
いくら走っても終わりそうになかった。
急すぎたり、狭すぎたりするので、何度も降りたり迂回したりして、
戻ってこなければならない。長い登りを終え、ようやく山頂に辿り着いた。
補給食は、あえて持ってきていない。
普段は、何も食べずに 4 時間ほど走っても問題がなかった。
栄養補給せずに走り続けるのは、
身体にその状況に対処させることを覚えさせるためにも
良いことだとすら考えていた。
いつもなら、何も食べなくても、
ひたすらに片足をもう一方の足の前に出し続けられた。
でも、このときは難しかった。なんとかして足を前に出す。
相当に疲れていたに違いない。
頭に浮かんでいたのは、家で待っている昼食のことだけ。
ビートルートのスープだ！

エネルギー

ビートルートのスープ以外にも食べ物はあったけれど、とにかく頭に浮かんだのは、美味しいスープとチーズをたっぷり載せた美味しいパンを食べることだけ。昼食をモチベーションにして、なんとか家の玄関に辿り着いた。

週に何時間もトレーニングをしているのなら、しっかりと食べることは不可欠だ。きちんと食事をしないと、トレーニングのための十分なエネルギーは得られない。もちろん、少ないカロリーでも運動ができるように身体を慣れることはできる。でも、その考えは私には向いていない。力強さを感じるために、私にはたくさんの食べ物が必要だ。食後に甘い物もとるのも良いことだと考えている。スイーツは、心の健康を保つためにも欠かせない。

私の食事についての考えは、たくさんの旬の野菜（できれば自分で栽培したもの、少なくとも地元で生産されたもの）のベジタリアン食を基本にして、それに炭水化物（キヌアや全粒小麦、ジャガイモ、ビーツ、パスタ、米など）をたっぷりとること。

折に触れてジビエ肉や釣った魚を食べてきたけれど、ここ数年は、ほぼベジタリアンになっている。フィヨルドまで歩いて行って魚を釣りたいとも思うけれど、インドを訪れ、そこのヨガ・スクールで過ごした後は、殺生をしたくないという気持ちが強まった。自分が何を求め、求めていないのか、身体の声に耳を澄ませることの大切さも意識するようになった。身体が欲するものを食べていれば、気分も安定するし、身体も強くなるはずだと考えている。

時々、たとえばブロッコリーを無性に食べたくなることがある。しかも、大量に。そんなときは、その対象が野菜であるときは特に、欲求を満たすようにしている。もちろん、他の基本的な食料も一緒にとって、十分なカロリーを摂取できるようにしている。科学的に証明されているかどうかにこだわらず、私は自分が良いと感じたものを信じる。人間は知的な動物であり、現時点の科学が明らかにしている以上のものを知っていると思っているからだ。ここでも、私は対照的なものを大切にすることの価値を感じる。私は科学や研究結果に強い興味を持ちつつ、直感や勘も信じているのだ。

甘いものへの欲求

　世間一般の人と同じく、私も甘いものにかなり目がない。デザートは大好き。パンもビスケットもバンズもチョコレートも。活動的に身体を動かしている限り、1日1個のデザートは良いものと考えている。トレーニング量を減らすと甘いものへの欲求をあまり感じなくなるのは、カロリー消費量が減るからだろう。でも、パソコンでの事務仕事やスポンサー関係の仕事、インタビューなどでストレスを感じたときも、てきめんに甘いものがほしくなる。その理由はまだよく自分でもうまく解明できていない。

　基本的に、私は良質の食べ物を口に入れることと、それが自分にどんなエネルギーを与えるかを重視している。同じくらい重要なのが、食べることについての経験を積んでいくことだ。私は食べる量が増えれば単純にそれに比例して体重も増えるとは考えていない。アスリートである私は、自分の身体のことを良く理解しているし、平常時と絶好調時にどんなパフォーマンスができるかも知っている。だから何を食べればどんなパフォーマンスにつながるかを常に考えている。私は健康を維持し、一生走り続けていきたい。それだけに、体重を気にするあまり常にカロリーが不足気味の状態で練習するという考えには同意できない。

　スポーツの世界では、他人との比較がつきものだ。つい、他の選手のことが気になってしまう。「どうして彼女のパフォーマンスはあんなに良かったのだろう？」「彼女がしていて、私がしていなかったことは何？」「彼女のトレーニングメニューは？　食生活の内容は？」。でも、そんな考えが浮かんだら、私は自分がしていることに集中すべきだと頭を切り替える。ベストパフォーマンスを出すために自分の身体が何を求めているのかだけを考えようとする。私にとって、それは2、3キロも体重を落とすことではない。体重が増えた分、身体は強くなるし、怪我をしにくくなることを経験的に知っているから。パフォーマンスを高めるには、何よりもハードなトレーニングが必要だ。そしてハードなトレーニングを支える体力をつけるには、たくさん食べなければならない。

　時々、10代の頃に家で飼っていた愛犬のネロのことを思い出す。ネロは思い切り速く、どこまでも遠くに走れるときに一番嬉しそうだった。ごほうびは、家に帰って与えてもらう餌。ネロはとても幸せそうだった。まるで、私たちランナーみたいだった。▲

THE NATURAL MOVEMENT

自然な移動手段

　身体ひとつで遠くまで移動できるのは最高だ。初めて本格的に長い距離を走って移動したのは、登山に情熱を注いでいたときの頃。当時私は、スウェーデンのヨックモックから100km離れたサルトルオクタという地域にある山小屋で働いていた。ほとんど人工物がない、見渡す限り大自然に囲まれた場所だ。世界遺産に登録されているラポニア地域やサレク国立公園が近く、山々の切り立った頂を望むことができた。

　休みの日にできることが限られていたからか、常日頃から「走って行ける場所に歩いていくのはもったいない」という考えを実践していたからかはわからない。ともかくある日、私は隣山にある山小屋まで走っていこうと思い立った。リュックサックに着替えとクレジットカードと食料を詰め込み、サルトルオクタとシトジュールのあいだにある美しく開けた高原を、ツンドラと細く固いカバノキを横目に見ながら走った。小屋に着くと荷物を置き、近くにある、山頂が特徴的なスキアーフェ山に登った。翌日はラパ渓谷の入り口まで走り、そこから仕事場の山小屋があるサルトルオクタに戻った。

　このとき、とても満ち足りた気持ちになったのを覚えている。雄大な山の中で、たった1人で美しいことをやってのけた——自分が暮らす広大な地域を、2本の脚だけで、軽やかに、素早く移動したのだ。この類いのロングランをしたのはそのときが初めてだったけれど、それは自分の人生の一部であるかのようにごく自然なものに感じられた。

　A地点からB地点へ、職場や学校へ、食料品店へと、走って移動するときの気分は最高。私は人間の身体は、このような移動のためにつくられているような気がする。人間は古代から走ってきた。それが、今日の人類の繁栄を導く大きな原動力になったのではないだろうか。私たちの先祖は、獲物の動物を追いかけて長い距離を走り、広大な地域を移動して食料を見つけた。

　現代では、私たちは食べ物を得るために古代人と同じように走らなくてもいい。それでも、走ることが私たちにとって重要なものであることには変わりはない。私は、ランニングが流行するのは良いことだと信じている。人は、誰もが走るために生まれてきた。走ることは、人を遠くへ速く移動させるための自然な方法。私たちはこの自然な方法に従って、自分に合った走り方を見つければいい。

ptg
NATURAL 122

FOOD
食べ物

　レース中の正しい栄養補給方法を学ぶことは大切。最高のパフォーマンスを発揮するには、エネルギーが欠かせない。さまざまなタイプの市販のジェルを試してみよう。練習場に持参して、実際に飲んでみる。私はトレーニング時にはジェルはとらない。ジェルにたくさん含まれている糖分の助けを借りなくても、トレーニングはできると考えているからだ。でも、レースの最中にはジェルを飲む。どのタイプのジェルが自分の身体に合うかは、普段からさまざまな種類のものを試すことで把握すると良い。

　レース時間が6時間くらいまでなら、私はジェルだけで走る。それよりも長いレースでは、エネルギーバーなどの固形物も食べる。ゆっくりとしたペースの長時間のレースで、食べ物を噛む時間とエネルギーがあり、胃がそれを消化できる場合なら、もっと本格的なものを食べる。15時間以上のレースでは、米やジャガイモ、ポテトチップス、〝ピローグ〟と呼ばれる大きめのピロシキなどの食べ慣れた物を口に入れる。

　ロングランをする日に私がとるお気に入りの朝食は、フルーツと蜂蜜とシナモンの入ったポリッジ、バターとチーズとキュウリのサンドイッチ、ミルク入りのコーヒーだ。

　ロングラン後のランチには、全粒小麦のサラダが好き。スウェーデン式のコーヒータイム、「フィーカ」を楽しむときは、ホットチョコレートかコーヒーとパンの組み合わせが最高！

　夕食はビーツやレンズ豆の料理が中心。豆の煮込みも食べる。食後には夏ならバナナのおいしいクリーム、冬の寒い時期ならチョコレートケーキなどがお気に入り。▲

RECIPES
レシピ

　私は、美しい景色や素晴らしいランニング体験、自分にパワーを与えてくれるものを人に伝えるのが好き。もちろん、食事についても同じ。料理をしたりパンを焼いたりするのは楽しい。私は、新鮮な食材でつくった料理を食べることを愛している。それは私に必要な力を与えてくれる。簡単な料理でもかまわない。私はシンプルなものが大好き。シーズン毎に、新しい食材の組み合わせを試すのも楽しい。豆や野菜を、似た種類のものと置き換えてみる。定番のレシピをさまざまな方法でアレンジしてみる。ここでは、私のお気に入りのレシピを紹介しよう。

そばの実、キヌアまたは全粒小麦のサラダ

4人分

・材料

そばの実、キヌアまたは全粒小麦　300ml
野菜ストック（お好みで）
ブロッコリー　100g
カリフラワー　100g
パプリカ　1/4個
タマネギ（できれば新タマネギ）　1/4個
黒豆煮　200ml
新鮮なハーブ（お好みで）

・ドレッシング

オリーブオイル　大さじ2
バルサミコ酢　大さじ3
ダイジョンマスタード　大さじ1
塩　小さじ1

　シード類（そばの実、キヌアまたは全粒小麦）をパッケージの記載に従って炒める。できれば野菜ストックと混ぜ合わせる。
　野菜を好みの大きさに切る（私は小さめが好き）。野菜は好きなだけ入れる。タマネギはみじん切りにする。
　すべての材料を混ぜ合わせる。
　ドレッシングの材料を混ぜ合わせてつくり、サラダに加える。お好みでハーブをトッピングする。

レンズ豆のシチュー
4〜6人分

・材料
赤レンズ豆　300ml
オイル　大さじ2
タマネギ　1個
ニンジン　1本
ジャガイモ　1個
ズッキーニ　1/2本
ココナッツミルク　400ml
ターメリック　小さじ1
チリパウダー　小さじ1
パプリカ　1/2個
ピーマン　1/2個
塩　適量

　レンズ豆を推奨時間の半分くらいの時間で加熱する。
　鍋に油を引いて熱する。タマネギ、ニンジン、ジャガイモ、ズッキーニをみじん切りにし、色がつかない程度に数分炒める。ココナッツミルクとスパイスを加える。
　ピーマンとレンズ豆をみじん切りにし、レンズ豆が柔らかくなるまで炒める。塩を加える。
　お好みで全粒小麦やライスを添える。

豆とレンズ豆のハンバーグ

　毎日でも食べられるくらい美味しい一品。夏は軽いサラダや、ロースト／グリルした根菜類と一緒に。秋や冬は美味しいマッシュポテトや根菜を添え、たっぷりのバターや油、塩で味付けする。

約12人分（特大サイズ）

・材料
調理済みの黒豆煮　400ml
調理済みの緑レンズ豆　200ml
調理済みの赤レンズ豆　200ml
たまご　1個
トウモロコシ粉　大さじ3
タマネギのみじん切り　1個半
塩こしょう　適量
オリーブオイル（調理用）

　ハンバーグの材料をミキサーにかける。ハンバーグの形をつくり、オリーブオイルで揚げる。（写真はターメリックを加えているので色がついている）。

ズッキーニのラザニア

ズッキーニは育てやすい野菜だけれど、秋になると大きくなりすぎてしまうこともある。だから、ラザニアの材料にするにはぴったり。ラザニアの皿の代わりに、ズッキーニの薄切りを使う。

大きさ　約22×15cm（4人分）

・材料
ズッキーニ　1、2本
調理済みの　赤レンズ豆　200ml
オリーブオイル
つぶしたトマト　1個半
にんにく　1かけ
チリパウダー
タマネギ　1個
フダンソウ　一掴み（約15枚）、茎も食べられる
粉チーズ（少し熟成させたものが望ましい）　400g

ズッキーニは縦か横に薄切りにする。
　タマネギとにんにくをみじん切りにし、半分をオリーブオイルで炒める。つぶしたトマトを混ぜて10分煮る。ソースにレンズ豆を加える。チリパウダーでスパイスをきかせる。
　フダンソウは適当な大きさに切り、オリーブオイルで残りのタマネギと一緒に炒める。
　型の底にズッキーニを敷く。トマトソースをかけ、もう1枚ズッキーニを置く。炒めたフダンソウとズッキーニの最後の層を加える。上に粉チーズを載せて200℃のオーブンで20〜30分焼く。
　美味しいラザニアの出来上がり！

紫キャベツのサラダ

　私は野菜とサラダがとにかく大好き。秋と冬のあいだは新鮮なレタスは食べたくないけれど、キャベツは食べたい！　紫キャベツは、良質の保存庫で保存すると春までみずみずしさを保てるので、このサラダは私の定番メニュー。

・材料
紫キャベツ（小）　1/2個
りんご　1/2個
チーズ　100g
アボカド　1個
オリーブオイル
塩、こしょう　適量
クルミ　ひとつかみ

　紫キャベツは細かく切る（チーズスライサーがあれば使う）。りんご、チーズ、アボカドを細かく切る。すべての材料を混ぜる。オリーブオイル、塩とこしょうで味付けし、クルミを載せる。

レンズ豆のスープ

・材料
かぼちゃの種　100ml（1/2カップ）
タマネギ　1/2個
にんにく　2片
ジャガイモ　4個
ニンジン　2本
オリーブオイル　大さじ　1〜2
ターメリック　少々
チリパウダー　小さじ1〜2（好みの辛さに応じて）
水　600ml
野菜ブイヨン　大さじ2
赤レンズ豆　200ml（1カップ）
ココナッツミルク　200m（1カップ）

　熱したフライパンでかぼちゃの種を煎る。
　タマネギとにんにくをみじん切りにする。ニンジンとジャガイモの皮を剥いて小さめに切り、鍋に入れてオリーブオイル、スパイスと一緒に炒める。
　水と野菜ブイヨンを追加し20分煮る。レンズ豆を入れてさらに10分煮る。ココナッツミルクを入れてひと煮立ちさせる。スープをミキサーで好みの食感になるまで混ぜる。
　ローストしたかぼちゃの種をまぶして出来上がり。

トリュフチョコレート

　一般的なチョコレートボールの代わりにもってこいの一品！　よりリッチな味わいを楽しみたいなら、100mlのオーツ麦と少量のコーヒーか水を加える。

16個分（小サイズ）

・材料
デーツ　18個
ココア　大さじ4
ココナッツオイル　大さじ2
（バターでも可）
刻みアーモンド　100ml（1/2カップ）
コーヒー　100ml（1/2カップ）（お好みで）

　デーツを2時間ほど水に浸け、取り出す。すべての材料（※ココアは半分くらい残しておく）をミキサーに入れて混ぜる。手で丸めて残りのココアパウダーをまぶす。冷蔵庫で冷やすと美味しさが増す。

　ヒント：デーツを浸した水はパン生地をつくるときに使える。冷蔵庫で2日ほど新鮮さを保ったまま保管できる。

ナイスクリーム

　とにかくシンプルなデザート。私は家に熟したバナナがあるときは、カットして冷凍庫で保管しておく。これで、いつでも好みの夏用のデザートをつくれる。

・材料
冷凍バナナのスライス
牛乳（私はオートミルクを使う）
ココア、ベリー類、ジャムまたはバニラパウダーなどの風味付け

　ミキサーに冷凍バナナと牛乳と好みの風味付けを入れて混ぜる。私はイチゴジャムでイチゴ味にしたり、ココアを使ったりするのが好き。

バナナケーキ

・材料

熟したバナナ　2～3本
ココナッツオイルまたは溶かしたバター　50g
たまご　2個
牛乳　50ml
テフ、米、小麦またはスペルト小麦 200ml
　（1カップ）
ベーキングパウダー　小さじ2
カルダモン　大さじ2
シナモン　小さじ2
クルミ　100ml（1カップ）

　すべての材料をブレンダーで混ぜる（ベーキングパウダーは最後のほうで加える）。できた生地を、バターを塗った型に流し入れ、190℃のオーブンで25分焼く。

ヘルシービスケット

私のパートナー、キリアンも大好きなビスケット。

12個～16個分

・材料

バター　150g
小麦粉　200ml（1カップ）
オートミール　200ml（1カップ）
刻んだヘーゼルナッツ　150ml（3/4カップ）
刻んだダークチョコレート　100g
ココナッツフレーク　50ml

　すべての材料を混ぜ、手でこねて1.5cmくらいの厚みにする。190℃のオーブンで10分～15分焼く

シナモン（またはりんごとアーモンド）ロール

約 24 個分

・**材料**
牛乳　500ml（2 1/2 カップ）
生イースト菌　50g（ふっくらさせるため）
溶かしバター　125g
カルダモン粉末　小さじ3
塩　少々
砂糖　200ml（1 カップ）
小麦粉（強力粉が望ましい）　7 カップ

＊シナモンロール
溶かしバター　125g
砂糖　100ml（1/2 カップ）
シナモンパウダー　大さじ2

＊りんごとアーモンドロール
溶かしバター　125g
砂糖　150ml（3/4 カップ）
りんご　1個（すりおろす）
刻んだアーモンド　100ml（1 カップ）
アーモンドパウダー　50ml（1/4 カップ）

（以下、仕上げ用）
たまご（卵黄）　1個
刻みアーモンド

　牛乳にイースト菌を入れ、カルダモン、塩、砂糖を加えて混ぜる。溶かしバターを加える。生地を手でこねられる程度の量の小麦粉を加える。残りはベーキング用に取っておく。5分〜10分間こねる。
　1時間生地を寝かせる。
　打ち粉をした天板の上に生地を置き、厚さが約1cmになるまで転がす。バターと好みの具を塗り、巻いて適当な大きさに切る。そのまま、または紙の器に入れて皿に盛る。
　さらに30分寝かせる。泡立てた卵黄を刷毛で塗り、刻んだアーモンドをまぶす。225℃で6〜8分焼く。

サワードウ

私の大好物！ 初めてパンづくりを習ってから、ずっと家に常備している。つくり方は難しくない！ 時間をかけて何度か試してみれば、コツはすぐにつかめるはず。サワードウに水と粉を補給するのを忘れないようにすればいいだけ。食感は厚めのパンケーキバターのようなものから、パン生地のようなものまでいろいろ。私は小麦粉とライ麦粉を使っている。

1日目
水100ml（1/2カップ）と小麦粉（強力粉が望ましい）100ml（1/2カップ）を大きな容器に入れて混ぜて室温で保存。

2日目
泡が出始める。もう一度水100ml（1/2カップ）と小麦粉100ml（1/2カップ）を加えてかき混ぜる。

3日目
うまくいけば昨日よりも泡が出ている。また水100ml（1/2カップ）と小麦粉100ml（1/2カップ）を加えてかき混ぜる。

4日目
サワードウのできあがり！ 瓶に入れて冷蔵庫へ。使う頻度に合わせて水と粉を追加する。週に何度も使うようならその都度、冷蔵庫で保管しているだけなら週に一度の追加で十分。

くるみとりんごとサワードウのブレッド

・材料

小麦粉（強力粉が望ましい）　900ml〜1000ml
（4 1/2−5カップ）
水　400ml（2カップ）
サワードウ　150ml（3/4カップ）
ライ麦粉　200ml（1カップ）
スティールカットオーツ　100ml（1カップ）
全粒大麦　200ml　（1カップ）
ごま　200ml（1カップ）
りんご　3個　（すりおろし）
くるみ　200ml（1カップ）
塩　小さじ3

1日目

　小麦粉600ml（3カップ）と水300ml（1 1/2カップ）とサワードウを混ぜる。

2〜3日目（発酵の状態と自分の時間の都合によって）

　残りの材料をすべて入れてよく混ぜる。数時間〜一晩置く。
　パンが大きな塊になるように焼く（必要に応じて小麦粉を追加する）。
　私はいつもオーブンの温度を最大にしてからパンを入れて、10分後に200℃に下げる。
　パンは内温96℃になると完成するので、温度計で確認する。通常は約45分かかる。

オート麦とサワードウ

1日目
水　600ml（3カップ）
小麦粉　700ml（3 1/2カップ）
サワードウ　大さじ2〜3杯

2日目
ライ麦　100ml（1カップ）
塩　小さじ2
ひまわりの種　100ml（1/2カップ）
オーツ麦　400ml（2カップ）

1日目
小麦粉、水、サワードウを混ぜ、24時間〜48時間置く。

2日目
小麦粉、塩、ひまわりの種、オーツ麦を追加し、24時間置く。

3日目
生地を巻き、オーブンシートの上に並べて200℃で約20分焼く。オーブンに入れる前に、ひまわりの種をパンにトッピングしてもいい。

クリスピーブレッド

簡単につくれて、とても美味しい一品。

・材料
オーツ麦　200ml（1カップ）
ライ麦粉（とうもろこし、テフ、米、小麦、ひよこ豆、小麦など、どんな粉でも代用可能！）
水　800ml（4カップ）
塩　適量
ドライベリーやドライフルーツ（より贅沢な味わいにしたい場合）

　材料をすべて混ぜ合わせてうすく引き伸ばし、オーブンシートの上に敷く。オーブンで約170℃で約20分焼く。取り出して適度な大きさに切り分ける。もう一度オーブンに入れ、パリッとするまで約50分焼く。

ひよこ豆粉のグルテンフリーパン

　色々な種類の粉や穀物を試してみるのは楽しい。特に、グルテンフリーのパンを焼くときにはそうだ。紹介するのはベースとなるレシピだが、私は粉の種類をよく変えている。

・材料

オーツ麦　200ml（1カップ）
ミルクまたはココナッツミルク　300ml（1 1/2カップ）
テフ粉　250ml（1 1/4カップ）
フラックスシード（亜麻仁アマニ）　150ml（3/4カップ）
刻みアーモンド　100ml（1/2カップ）
くるみ　100ml（1/2カップ）
ひよこ豆粉　100ml（1/2カップ）
オオバコ粉末　50ml（1/4カップ）
チアシード　大さじ2
塩　小さじ1
ダーク（メープル？）シロップ　大さじ3またはバナナ　1本

　すべての材料を混ぜる。10個くらいに分けて180℃のオーブンで20分。ものすごく簡単！

WE HAVE BEEN RUNNING SINCE ANCIENT TIMES; MAYBE THAT IS ONE OF THE ABILITIES THAT HAS TAKEN US TO WHERE WE ARE TODAY?

人間は古代から走ってきた。それが、今日の人類の繁栄を導く大きな原動力になったのではないだろうか。

CHAPTER 7

[BREATHING]
呼吸

内へ、そして外へと向かう旅。
ヨガと、それが私のランニングにとって意味することについて。
もちろん、ヨガのエクササイズも。

[BREATHING]

― RISHIKESH, INDIA, 2016 ―
インド、リシケシ、2016 年

アラームが鳴る。
午前4時。1時間後に、
呼吸のエクササイズ〝プラーナーヤーマ〟と、
今日最初のレッスンが始まる。
長い1日が控えてはいるが、ランニングウェアを着て、
靴紐を結び、表に出る。
外は真っ暗。
ランタンに照らされた村を走り抜け、
ジャングルの方へ、
ガンジス川に沿って進み始める。
いつものように野良犬がついてくる。
仲間がいるのはいいことだ。
まだ誰も起きていない。
村を抜けると、人工の明かりが途絶える。
恐る恐る細い道に入ってみる。
暑く、息苦しく、少しばかり不気味でもある。
向きを変え、元来た道を走り始める。
身体には、
今日一日を生きるためのエネルギーが満たされている。

結びつける――それが、ランニングとヨガの共通点。
どちらもその中心にあるものはとてもシンプルだ。
そして、どちらも私たちの身体と心を結びつける
――それが起きたときに味わう気持ちは格別だ。

正しいことにエネルギーを向ける

　リシケシでヨガを本格的に学ぶことにした1カ月間は、ヨガのコースだけに集中すると心に誓っていた。毎日のスケジュールは、昼間の3時間の休憩を除けば、朝の5時半から夜の8時までぎっしりと詰まっている。でも正直に告白すれば、初日から、1日に1時間走る時間をどうすれば捻出できるだろうか、どこを走れば良いだろうかと考え始めていた。理想は、ヨガに100%集中しながら、その邪魔にならない程度にランニングも続けることだった。だけど、それは頭で考えるほど簡単ではなかった。日中は日陰でも40℃近くになるほど暑く、ジムのトレッドミルには危険を感じた（最初に使ったとき、走っている途中で電源が切れた）。最善策だと思われたのは、早朝に起きて走ること。でも、いざ朝にランニングをしてみると、ものの数日で続けるのが難しいことに気づいた。午前4時前に起きて走ると、身体が疲れる。せっかくヨガを学びにインドに来ているのに、昼間の集中力が落ちてしまう。

　私は、ストレスを感じるようなことをすべきではないと自分に言い聞かせた。この1ヶ月間は、ヨガに集中すべき。走りたいという気持ちを手放せるようになると、ヨガに気持ちを入れて取り組むのが楽になった。たまにアラームを設定した時間の前に目が覚めると、野良犬たちと一緒に、短時間だけ早朝のランニングを楽しんだ。それは爽快で、身体にエネルギーが充電されるような体験だった。こうして私は、最適なバランスを見つけたのだった。

〝走りたい気持ち〟を手放す

　ヨガを本格的に学ぶことは、私にとっての大きな一歩だった。靭帯の手術後、それまでと同じようなランニングのトレーニングを再開し、いくつかのレースにも出場できた。でも、何かがしっくりこなかった。走っていても全力を出し切る感覚を得にくく、リハビリと膝のケアもまだかなり必要だった。だからこそ、今こそインドを旅するべきだと思うようになったのかもしれない。このチャンスを逃せば、日常生活から1カ月も離れる時間をつくることは難しくなる。

　加えてそのときの私には、身体的なものだけでなく、精神的な訓練も必要だった。それまで何カ月もリハビリに心血を注ぎ、トレーニングに対する身体の反応を細かく観察し、以前のような状態に戻れないのではないかという不安を抱えて過ごしていた。私には、心のバランスを取り戻すためのまったく違う何かが必要だった。ただし、トレーニングやレースのことを考えずに、丸1カ月も休むのは自分にとって大きなチャレンジだった。しかも、最初の2週間はインターネットにも繋がらず、SNSもメールもチェックできなくなる。

　でも、いざ体験してみると、その最初の2週間は最高だった。走っていないことに罪悪感を覚えず、ヨガに集中できたこの期間は、普段とは違う何かを学ぶことのできる、とても意義深い休息になった。走ることから少し距離をとっていながら、それでいて十分に自分らしくいられた。私は走ることを休んだ。思い切ってそれを手放した。ランニングは私から逃げたりはしない。私は走ることを取り戻すために、それまでとはまったく違う何かを必要としていたのだ。

ヨガとはずっと、つかず離れずの関係を保っていた（離れている状態のほうが長かったけれど）。初めてヨガを習ったのは、地元のハイコーストに住んでいた16歳のとき。以来、教室でヨガを教わることはあっても、本格的に学ぼうとしたことはなかった。でも数年前から、朝のヨガが日課になった。ヨガをしているときは、日常から離れられた。身体と心を身近に感じることもできた。私にとってヨガはランニングを補うものとなり、細かな筋肉を伸ばす時間となり、日頃のトレーニングに身体がどう反応しているかを確かめる時間となった。固い身体を、少しずつ柔らかくしていった。呼吸をコントロールする方法、〝プラーナーヤーマ〟と呼ばれるヨガの呼吸法、自然に任せて息を出し入れする感覚なども学んだ。

ヨガは複雑でも不快でもない。私はヨガをすることで、自分を許そうとする。穏やかな気持ちで、落ち着きのない心を包もうとする。自分を客観視し、細かなところに焦点を当て、理想的なポーズを心に描きながら、まずは今の自分ができるポーズをとっていく。肩や背中の筋肉が固く、自分の身体が冷蔵庫みたいに感じられるときも、それについてネガティブな感情は持たないようにする。ヨガが自分にとって良いものだということは頭ではわかってはいたけれど、最初のうちはひどく落ち着かない気持ちも味わった。ランニングと同じく、ヨガでも自分への寛容さと理解が必要だ。

普段しているスポーツに対してよりも、ヨガをしているときのほうが寛容な気持ちで取り組んでいることも気づいた。おそらくそれはヨガが自分にとっては未知の部分が多く、学ばなければならないことがたくさんあるからだろう。走ることとは違い、私はヨガに対しては、心の底から自然と湧き上がるようなモチベーションを感じてはいなかった。だから、自分をヨガに向かわせるための努力が必要だった。私はヨガを通じてつかんだ寛容さや辛抱強さの感覚を、ランニングやスキーにも当てはめるべきだと考えるようになった。これらのスポーツは私にとっては慣れ親しんだ快適なものであり、自信も持っているが、時には立ち止まり、耳を澄ませてみるべきだ、と。100回のうち99回は、問題なくトレーニングを続けることになるだろう。しかし身体の声に耳を傾けていなければ、100回目に聞こえるかもしれない重要なサインを聞き逃してしまうかもしれない。トレーニングを休みたい、練習メニューを変えたいという声を。こんなふうに、ときには自分の身体のわずかな変化を感じとって休養を取り入れていくことが、長期間にわたって練習を続けていくためには不可欠だと思う。

私は、ランナーが最高の走りをするためには、身体が極端に柔軟である必要はないと考えている。私の身体がこれまでで一番柔軟だったとき（といっても、人と比べて自慢できるようなレベルではなかったのだが）、むしろ走っているときに関節や筋肉をコントロールしにくいと感じていた。登り坂や下り坂をよく走るランナーとしては、関節が硬いのは、むしろ骨格にかかる負荷を減らし、捻挫を防ぐのに役立つかもしれないとも思える。

インドのヨガのスクールで特に印象的だった講師は、生徒の個性を大切にしていて、一人ひとりの身体の特徴に合わせて指導してくれた。これは、人生のあらゆることに当てはまる考え方だ。このようなシンプルで明白な考え方を、私たちはつい忘れてしまう。

自分の身体を知ること、立ち止まること、良く呼吸することは、肉体的にも精神的にも、私たちが何かを長く続けるために重要な要素だと思う。私は、ヨガは物事を大きな視点でとらえるのに役立つと考えている。その時々のパフォーマンスに一喜一憂しすぎず、もっと大局的なものに目を向けられるようになる。そのことで逆に、競技に冷静に集中できるようにもなる。その実現を手助けしてくれるものは、ヨガだけとは限らない。他にもさまざまな手段があるだろう。いずれにしても、私はヨガをすることで、自分がベストを尽くすことを妨げていた雑念を頭から追い出しやすくなった。ヨガは意識を自分の内側に向け、外側の世界を閉め出すのに役立つ。それは私の落ち着かない心に安らぎを与え、結果を考えずに目の前のすべきことに最善の方法で取り組む力を与えてくれる。

　私がインドで受けたトレーニングは、ヨガのもっとも古い形式であるハタヨガだった。これは今日のあらゆるヨガの流派（ヴィンヤサなどの西洋的なヨガも含む）の起源だと考えられている。
　ヨガを学んでいた私がハタヨガに取り組んだように、自分がしていることの基礎となるものを理解し、学ぶことは、興味深く重要なことだ。とはいえ私は、この基本を発展させ、自分自身や自分が置かれている状況に適したものに変えていくことのほうにもっと興味があるのだけれど。
　私は、ヨガをすることが自然に感じられるようになるまでのプロセスを体験した。来る日も来る日も、朝目覚めたらヨガをした。時々、ヨガマットに向かおうとする気持ちが沸いてこない日もあった。そんなときは、ヨガはしなかった。そうすると、一日のトレーニングが何か物足りないものに感じられた。結局、その物足りなさが再び私をヨガマットに向かわせた。こんなふうにして、ヨガは私にとってなくてはならないものになっていった。同じことを、多くの人は走ることに感じているのかもしれない。走り始めの頃は、外に出て駆け回ることがとにかく楽しく感じる。でも次第に、面倒だと思うことも増えてくる。でも、何度も繰り返すうちに、走らないと物足りなさを覚えるようになる。だから、続けることが自分のためになると思うものがあるなら、それを習慣にすることを考えてみるべきだ。いったん習慣化してしまえば、それを行わないのが難しく感じるようになる。何かを好きになり、何度も繰り返し行えば、それは身体と心に染み込んでいく。それはランニングでもヨガでも同じ。
　たとえば「20日間続ける」といった目標を立て、それを実行してみよう。疲れていても、ストレスを感じていても、頑張って続けてみる。1日10分だけでもいいので、携帯電話の電源を切り、ヨガマットの上で身体を伸ばし、ゆっくりと呼吸してみよう。

— EXERCISES —
YOGA — THE BASICS

ヨガの基本

自分にとって自然なポジションを見つけ、
太陽を拝むことから一日を始める

ヨガの講師から教わった大切なポイントは、それぞれのヨガのポーズには、自分にとって最適な形があるということ。ヨガの本とまったく同じようなポーズをとれなくてもかまわない。大切なのは、自分の身体や能力に見合ったポーズをとることだ。まずは現在の自分にとっての最適なポーズを探るところから始めていこう。

足の位置と重力

左右の足が触れるようにして立つ。足裏全体でバランスをとる。前後に身体を揺らし、重心が変化する感触を確かめる。重心が安定したら、下肢と太ももに意識を向ける。これらの部位に少し力を入れる（筋肉が若干内側を向くようなイメージ）。

腰の位置

腰の自然な位置を見つける。自信がなければ、腰を前後に動かし、足にかかる重心の変化を確かめる。腰と足に重心が一直線にかかるような位置を探そう。

背中とコア

腰の下部と腹部に意識を向ける。腹部の筋肉に力を入れ、背中がまっすぐになるのを感じる。この位置で呼吸をする。力を入れすぎず、姿勢をまっすぐに保ち、自然に呼吸をする。

肩と胸椎

肩甲骨の隙間を狭めるように肩を後ろに回す。肩の力を抜いて、両腕を身体の脇に垂らす。首をリラックスさせて、頭を左右にゆっくり傾ける。首をまっすぐに戻したら、上から引っ張られているようにイメージをする。これは太陽礼拝のポーズの最初のポーズである、「山のポーズ（タダーサナ）」になる。

太陽礼拝のポーズ
（スーリヤ・ナマスカーラ）

太陽礼拝のポーズは、ヨガの代表的な一連のポーズから成っている。このポーズが重要なのには十分な理由がある。スーリヤ・ナマスカーラとは、太陽への挨拶を意味する。太陽がなければ生命は存在しない。毎日の太陽への挨拶は、太陽と自分自身への敬意を表している。

この太陽礼拝では、シンプルなポーズを流れの中で連続して行う。呼吸ごとに合わせてポジションを変えることもあれば、静止したまま何度か呼吸をしてからポジションを変えることもある。私は太陽礼拝をするとき、エネルギッシュに行いたいか、ゆっくり行いたいかに応じてペースと呼吸を変えるようにしている。

1　山のポーズ（タダーサナ）
前述した手順に従って重心を意識しながらまっすぐに立つ。下から土台を築き上げるようにイメージする。

2　手を上にあげるポーズ（ウールドヴァ・ハスターサナ）
息を吸い、両腕を上げる。重心を低く保ったまま、両腕と背中をまっすぐに伸ばす。できれば胸の後ろ（胸椎）を少し後ろに曲げてストレッチし、上を見る。

3　立位前屈のポーズ（ウッタナーサナ）
息を吐きながら前屈する。肺から空気を絞り出すようにイメージする。脚はしっかりとまっすぐ伸ばし、首と背中はリラックスさせる。

4　半分の立位前屈のポーズ（アルダ・ウッタナーサナ）
息を吸いながら、背筋を伸ばしたまま腰を半分曲げた状態に持っていく。顔は前方に向ける。

5　板のポーズ（チャトランガ・ダンダーサナ）
息を吐きながら、手を突き、勢いをつけて両足を後ろに引き、身体を一直線にする。背中とお腹を引き締める。

**6　上向き犬のポーズ
（ウールドゥヴァ・ムカシュヴァーナーサナ）**

肩を後ろに引き、胸を開く。脚に力を入れて身体を支え、殿筋（おしりの筋肉）は弛緩させる。

**7　下向きの犬のポーズ
（アドームカ・シュヴァーナーサナ）**

個人的に、世界で1番のヨガのポーズだと思っている。伸ばし、開く部位は多い。腕、背中、脚を伸ばすことを意識する。

8　立位前屈のポーズ（ウッタナーサナ）

息を吐きながら上体を勢いよく前に移動させ、両手の間に片足ずつ両足を入れる。

**9　半分の立位前屈のポーズ
（アルダ・ウッタナーサナ）**

息を吸いながら背中を伸ばし、腰を曲げる。

**10　手を上にあげるポーズ
（ウールドヴァ・ハスターサナ）**

連続した動作がこれで一周する。両手を挙げて太陽に挨拶する。

11　山のポーズ（タダーサナ）

山のポーズでフィニッシュする。

　太陽礼拝のポーズの後、私がいつも実践しているエクササイズを紹介する。これらは、身体は強靱だけれど、背中や腰、ハムストリングス、胸椎などが硬くなりがちなランナーに合ったエクササイズ。一通り行うと15分ほどかかるけれど、朝食前にその時間をとれば、身体の声に耳を傾け、その日一日、自分の体調に合わせて時間を過ごしやすくなる。通常は以下の順番で行っている。

1　猫のポーズ（マールジャーラーサナ）

　私はほとんどの場合、このポーズから始める。目的は、腰をほぐすことと、お尻の動きを感じること。骨盤を後ろに倒して脊椎を丸めると、背筋が伸びて肺から空気が押し出される。次に息を吸い、背中を丸めて上を向く。脊椎全体とお尻の動きに意識を向ける。

　背骨を反らし、丸め、自分のペースで呼吸をしながら、背中がゆるむのを感じよう。

2 猫のねじりのポーズ
（マールジャーラーサナのバリエーション）

　ランナーだけでなく、スキーヤーやオフィスワーカーなどにもよく見られる硬い胸椎にてきめんの効果がある。難易度は高いけれど、快適に取り組める。上半身がかなり硬い私でも、胸椎、三頭筋、二頭筋を伸ばすこのポーズはできる。

　猫のポーズをとり、息を吸いながら右手を上げる。次に、右手を身体の下に持っていく。上体をひねりながら前に倒し、ゆっくりと呼吸する。胸椎がゆるんでいる感覚を味わう。

　この上体のまま2、3回呼吸をして元のポーズに戻り、左手側でも同じ動作を繰り返す。

3 猫のポーズの後、マットに座って身体の側面を伸ばす

　体重が左右のお尻に均等に載るようにする。足を組み、腰とお腹を緊張させて首をまっすぐにし、背筋を伸ばす。右手を上げ、左手を床につけて、身体の右側を伸ばしながら左側に傾けていく。伸ばしている右側の側面に意識を向ける。息を吸って元の状態に戻り、息を吐きながら反対側でも同じ動作をする。呼吸に集中しながら、身体の側面に意識を向ける。吸入と呼気の間隔が同じくらいになるようにする。

4 戦士のポーズ1
（ヴィーラバッドラーサナ1）

お尻の屈筋を伸ばし、両脚を鍛えるのに最適。

山のポーズの状態から、片足をマットの角に向けて後方に大きく引く。前脚を90度（自分のできる範囲で）に曲げる。腰の屈筋が伸びているのを感じながら、後ろ足に力を入れる。体重が足裏に均等に載っていることを確認する。

腰がまっすぐ正面を向いていることを確認するために、両手を腰の脇に置く。ヨガでは、腰を開くポーズと、腰をまっすぐに向けるポーズを区別する。このポーズは、腰を上体の向きと平行にして、正面にまっすぐ向ける。腹筋と背中の下部に力を入れ、下半身のバランスが安定したら、両手を上げる。

5 戦士のポーズ2
（ヴィーラバッドラーサナ2）

戦士のポーズ1から、そのまま腰を開いて移行する。後ろ足のつま先を90度の角度に向け、腰を開く。どちらか一方の足に重心が偏らないようにする。開いた腰の上に上半身がまっすぐ載っていることを確認する。両腕が床と平行になるように上げる。

6 戦士のポーズ3
（ヴィーラバッドラーサナ3）

脚、太ももの裏、背中を一直線にする、バランスの鍛錬に適した美しいポーズ。私のお気に入りのポーズで、習得には時間と訓練がかかる。

山のポーズから始め、片足を後ろに上げながら、上半身を前に傾ける。前屈みになると同時に、後脚を上げるようにする。前傾姿勢にならないように、腰が床と平行にする。腰やお尻にトレイを置くようなイメージで。

7　三角のポーズ（トリコナーサナ）

　戦士のポーズより少し短い歩幅でマットに平行に立ち、右足を外側に向ける。両足はまっすぐに伸ばす。両腕を肩からまっすぐに伸ばして、右足を足首またはマットに近づける。左手を上に向け、顔も上を見上げる。右と左を入れ替えて同じ動作を行う。

8　ねじった三角のポーズ（パリヴルッタ・トリコナーサナ）

　バランス、上半身のひねり、脚の筋力を鍛えるのに最適なポーズ。

　三角のポーズから、足を同じ位置に保ったままで、腕と上体を元の位置に戻す。両腕を伸ばし、左手を右足に近づける。マットに手が届かなければ、足首をつかむ。上半身のねじれに意識を向ける。重心は足腰に残す。

9　舟のポーズ（ナヴァーサナ）

　このポーズは腹筋を刺激するので、良いランニング姿勢をつくるのに役立つ。両足を前に伸ばしてマットに座る。足首を90度に固定したまま両足を持ち上げ、上体を後ろに倒す。脚の裏側を伸ばし、背筋はまっすぐに保つ。

10　バッタのポーズ（シャラバーサナ）

　あるポーズをしたら、それと逆の動作をするポーズをとることで、身体のバランスが良くなる。舟のポーズで前屈をしたので、その直後に効果的なのがこのバッタのポーズ。マットの上に腹ばいになり、腕を身体に沿わせて、両手両足を上げる。

11 山のポーズA（タダーサナ）

足裏の全体に均等に重心が載るようにバランスをとる。背筋を伸ばし、腰の位置を水平にして、肩を後ろに引き気味にすることで身体の土台が安定する。腕は両脇に。

12 山のポーズB（タダーサナ）

両足を肩幅に開いて立ち、両腕を垂直に上げる。つま先立ちになり、腕をさらに伸ばす。膝を120度くらいに曲げ、息を吸って呼吸を止め、ゆっくりと吐き出す。何度かこの呼吸を繰り返す。腹部や背中など、全身が活性化される。

13 木のポーズ（ヴルクシャーサナ）

私のお気に入りのポーズ。ランナーには効果大。バランス力、足と足首の小筋群を鍛え、腰関節を柔軟にする。私はこのポーズで腕を上げる感覚も好き。肩の力を抜いたまま、腕を高く上げるようにしている。

片足で立ち、もう一方の足を足の付け根かふくらはぎに当てる。バランスがとれたら腕を上げる。その上体で呼吸をする。

14 半分の魚の王様のポーズ（アルダ・マツィエンドラーサナ）

最後の仕上げのポーズ。片足を伸ばし、もう片足を曲げてマットに座る。曲げた足の膝の外側に反対の手の肘を乗せ、上半身をひねって肩越しに後ろを見る。

ポーズの強度を上げるには。立っているポーズを長く保持する。太陽礼拝では、1回の呼吸でポーズを変化させていくようにする。

CHAPTER 8

[ETERNITY]
永遠

あらゆる可能性。
自分の限界を試すこと、
思い切って正しい決断をすることについて。

[ETERNITY]

— CHO OYU, TIBET, 2017 —
チベット、チョ・オユー、2017年

チョ・オユーに日が昇る。
太陽の光が、テントと寝袋を暖め始めている。
もうすぐ、起き出して湿った寝袋を干さなければならない時刻だ。
テントのファスナーは開けたけれど、私はまだ暖かい寝袋の中にいる。
それにしても、なんという眺めなのだろう。
日差しが強まるほど、寝袋から出やすくなる。
遠征に行くと、日没から日の出まで、
テントと寝袋の中で多くの時間を過ごすことになる。
それは純粋な休日のようなものだ。

高地トレーニング

寝袋から這い出す前に、この遠征が始まる数週間前のことを思い出す。毎朝、鼻に落ちてくる結露で目が覚めるので、寝袋から腕を出してそれをぬぐわなければならなかった。そのついでに、腕時計を見た。たいてい午前5時45分頃に目が覚めた。人工的な低酸素テントの中で10時間眠らなければならないから、残りはあと1時間。寝返りを打つのもままならないほど狭いテントの中で、仰向けのまま時間が過ぎるのを待った。私とキリアンはこんなふうにして、世界で14座ある8,000m峰の一つ、チョ・オユーに向けて身体を慣らしたのだった。

標高5,700mの高度ベースキャンプ（ABC）に向けた登山を始めるまでのあいだに、私は想定している高度をシミュレーションするための低酸素マシンを合計340時間も使っていた。私とキリアンは4週間、この小さなテントで寝た。さらに、このマシンにつなげたマスクをつけて、トレッドミルやエクササイズバイクで1日1時間トレーニングした。想像するだけで大変そうな取り組みだし、実際に大変なこともあった。私は低酸素テントで寝ることで身体が疲労し、満足な運動強度での練習ができなかった。窓の外には明るい太陽が輝いているのに、屋内でトレッドミルをしなければならないのは辛かった。

計画

キリアンと私が世界最高峰の山の1つへの短期間での登頂を目指すことについて話し始めたのは、去年の秋のこと。私たちは、出発から帰宅までわずか2週間でチョ・オユーに登頂したというカップルの話を聞き、強い興味を覚えた。高地での登山はたしかに魅力的だったけど、2カ月近くベースキャンプをしなければならないことを考えると気が滅入った。だからそれまでは一度も、真剣にチャレンジしてみようとは思えなかった。

気が遠くなるほど巨大で、永遠を感じさせる何かを前にすると、
人生が不思議なほど単純なものに思えてくる。
あらゆる物事は、結局は些細なものに過ぎないのではないだろうか？

キリアンと二人でいつものようにロムスダーレンのスカルベンをロングランしながら、チョ・オユーへの短期間での登山についてあれこれと話し合った。どんなふうに計画をすればいいのか、ベースキャンプ施設を使うべきかどうか。

そして、ベースキャンプで6週間を過ごす代わりに、家で身体を高地に慣らすほうが近道ではないかと考えるようになった。これは新しく登場したばかりの手法であり、私たちはこのアイデアについては他人には話さなかった。成功したら話せばいいと考えたのだ。これは、普段通りに家にいて、仕事をし、家族と暮らしながら、高地への登山をするための良い方法かもしれない。私は、通常の登山遠征のように、数週間、何か1つのことに集中するという考えが好きだった。私たちがとろうとしていたのは、まったく新しい方法で何かに集中することだった。

数週間が過ぎ、シミュレーションした高度の低酸素テント内での睡眠は快適になっていった。出発の日が近づいていた。私はトレーニング時間を増やしていった。山頂への長時間をかけてのアタックを想定して、12時間近く身体を動かせるようにした。氷や岩のようなテクニカルな地形に対応するための訓練もした。体力を十分に回復できなかったので、短期間での運動強度の高いトレーニングはパスした。低酸素テントで寝ると、体力を消耗するからだ。

ベースキャンプ

スキーシーズンが終わり、出発の時になった。そして数日後、私たちはもうベースキャンプにいた。信じられなかった。イタリアで行われたシーズン最後のスキーレースの表彰式と祝賀会を終えると、その数日後には、目の前に世界屈指の手強い山脈が聳えている。

チベット高原の道が途切れるところで車から降ろしてもらい、アドバンスドベースキャンプに向けて登山を始めた。私たちの調査と地図によれば、氷河に沿って約8kmの道のりだ。遠くには、ネパールとの国境にある名もない山々が見える。静かに登山を始めながら、これから体験する約5,000mの標高について思いを巡らせた。想像もつかない。低酸素マシンでの訓練で、本当に私たちの身体はこの高度に適応できているのだろうか？酸素濃度はシミュレーションできたかもしれないけれど、空気圧は身体にどう影響するのだろう？この方法を試してみたのは失敗だったのだろうか？ 私たちが知る限り、誰もこの方法を試してはいなかった。自宅で低酸素マシンを使っていた人たちは、ベースキャンプですでに酸素ボンベを使い始めていた。1分当たり4リットルの酸素が得られる。

考えごとで頭をいっぱいにしながら、その一方で私の目は、周りにある大きくて美しく、リアルで穏やかな光景に引き寄せられていた。

遠征が始まると、すべてが可能だと感じられるようになった。同時に、日常のすべてから遠く離れたという感覚も味わった。コンピューターも電話もインターネットもない。溢れるアイデアが書き込まれるのを待っている、まっさらなノートのような気分。気を散らすものはない。起き抜けにコーヒーカップを持ち、日の出を目にしているような気持ちだ。

2時間の登山の後、ゴールが見えてきた。チョ・オユー。標高8,201mの山が、天に向かって屹立している。山頂を前にして、自分がひどく小さな存在になったような気分になった。気が遠くなるほど巨大で、永遠を感じさせる何かを前にすると、人生が不思議なほど単純なものに思えてくる。あらゆる物事は、結局は些細なものに過ぎないのではないだろうか？ 無意味だというわけではない。自分が選択したことがどれほど重要であっても、それはどこか遠くにあるように感じられた。

ベースキャンプに到着すれば、テントを張れる。その数14個。ほどなくして、私たちは幸せそうな顔をした面々に迎えられた。7人のゲストと、そのシェルパとガイド、そして遠征隊のシェフ。晴れていて、暖かい。遠くにチョ・オユーが見える。

新しい日

　早朝に起きて、一日の始まりを味わうのが好き。今日がどんな日になるかはわからない、その感覚が好き。好奇心旺盛なので、朝起きるのが待ち遠しくてたまらない。テントでの初日も、まさにそんな感じだった。私は好奇心で胸を膨らませながら時計を見る。朝日はいつテントに届くだろう？　キャンプ1、キャンプ2、キャンプ3に届くのは？

　大きなダウンウェアを着てテントから出る。日は出ているけど、まだキャンプには届いてない。午前6時45分。フードテントまで歩き、緑茶を飲む。少し震えながら椅子に座り、チョ・オユーの背後から太陽が昇るのを待つ。数分後には、最初の日の光が私の冷たい頬を温めた。冷たくてヒリヒリするけれど、その美しい光景に心を奪われる。今ここにいられることの幸運に感謝する。

　遠征2日目は、標高6,400mに位置するキャンプ1まで、テントやスリーピングマット、ストーブ、食糧を持って歩く。最初の遠征のためにテントやロープ、食糧を運び終えたシェルパに会う。屈強な男たちだ。私たちは彼らに出会えた喜びとともに挨拶し、雑談をする。今年は例年と比べて様子が違うらしい。山には2つの小さな隊しかいない。そのため、シェルパの仕事は多い。シェルパは6人いるが、山頂までのあいだに固定ロープを張らなければならないからだ。

上へ、上へ、そして粘り気のある大気の中を。
空に向かってまっすぐ。

　この日は、装備を運んだだけなので、また歩いてベースキャンプに戻った。2日後には、そこで寝泊まりすることになる。これまでのところ、私たちには高山病の兆候もなく、順応計画はうまくいっている。
　3日目の午後、私たちはキャンプ1まで歩き、そこで寝た。そこには私たちしかいなかった。小さなオレンジ色のテントを、これから登ることになる最初の大きな氷瀑の手前の台地に張った。夕方、テントの中で雪を溶かして夕食をつくった。日が沈むと、気温も急激に下がる。明日は風もなく晴れているという最新の天気予報が当たっていることを願った。明日は7,400mまで登ることを予定している。

上へ

　6日目。日の出とともに出発し、氷河を通り抜ける。2つの大きな氷の壁を登ることになっている。チョ・オユーは8,000m級の山々の中では難易度は低いと思われているが、予想以上に難しいと感じた。とはいえ少し迂回すると、すぐにキャンプ2とキャンプ3のあいだにある台地に到着した。そこには人も、ロープも、テントも何もない。いるのは私たちだけ。でも、私には満ち足りた感覚があった。キリアンに対する信頼と、私自身に対する自信も感じた。私には判断が求められていた。責任を持って自力で登らなければならないし、誰も登り下りを助けてはくれない。正直に状況を見極めるときだった。これは大きな賭けだ。それが登山の本質。私には準備ができていた。そう、登ることへも、引き返すことへも。
　私たちは登山を続行し、キャンプ3を目指した。酸素とシェルパだけを伴う遠征だ。山頂へのアタックは3日目。往復で合計6日間かかる。高い山の上で過ごすにはとても長い時間だし、そのあいだずっと酸素を吸うのがどんな感じか、私たちには想像できなかった。実際には、それは8,000mの高さにいながら、2,000m下にいるような感覚だ。シェルパがバックパックを運んでくれ、ロープで身体をつなぎとめてくれる。私はその力を借りて、自分自身を上へと引き上げていく。
　私は7,400mの地点で引き返すことを決めた。これは、本番での山頂へのアタックの前に到達することを計画していた標高だ。キリアンは少し先まで登り続けるという。私は下り始めた。
　雪が固まった、楽な斜面だった。でも私は滑り、小さな雪の塊と一緒に滑り落ちた。考える時間もなく、両手で握っていたピッケルを反射的に雪面に突き刺して滑落を止めようとする。でも効果はなく、滑落の速度はますます上がっていく。1本のピッケルが手から離れた。残ったピッケルに全力で全体重をかけると、速度が落ちた。心臓がドキドキしている。おぼつかない足取りで立ちあがり、再び下り始める。
　安全だと感じられた小さな斜面でも、小さな雪の塊が何を引き起こすかは想像もつかない。滑落を止められなかったらどうなっていたか、考えたくもなかった。高速で300mも滑り落ちれば、悲惨な結果が待っていただろう。警戒心を強め、まだ上にいるキリアンを待つために下に向かった。
　ヒマラヤの春の天候は基本的には安定しているが、わずか10日間の遠征では好天に恵まれるかどうかはまったくのギャンブルになる。あとは、晴れの日を待つだけだ。残された日はあと5日。天気が良くなることをひたすら祈る。

私たちはキャンプ生活を楽しんだ。他の遠征隊のメンバー7人と一緒に、フードテントでよく食事をした。テントの中では思い切りリラックスするようにした。休みの日は、いろんな話をした。全員、同じ夢を持っていた。それは山頂に行くことだった。

永遠に向かって

　7日目、天気予報は3パターン。どれも違っているように思えた。おそらく不安定な天気だということなのだろう。

　8日目は陽光で目覚めたけれど、しばらくすると吹雪になった。でも天気予報は、この先2日間は晴れだと知らせていた。私たちは決行することにした。他に選択肢はなかった。9日目、私たちは胸を高鳴らせ、いくらかの不安を覚えつつ、それぞれの思いを抱えながら、キャンプ1まで歩き、午前0時にサミットアタックを開始した。

　午後4時頃、先を見越してフリーズドライの食料と溶けた雪を胃に入れた後、風が強くなってきた。嵐だ。私たちは最悪の事態を考えないようにして、寝袋で眠った。その心構えは功を奏した。私はアラームが鳴るまでぐっすり眠っていた。

　午後11時30分にアラームが鳴った時、嵐はまだ轟音を立てていた。相手の声がほとんど聞こえない。アラームを1時間後にセットし直し、風が少し収まることを祈った。

　だが、風は止まない。私たちは話し合った。これからさらに寒くなる。身体を温めるには動き続けなければならない。私たちは、アタックを敢行することを決意した。明日になれば、帰途につかなければならない。

　いったん外に出て登山を開始すると、状況はそこまで悪くないと思えた。キャンプにすべてを置き残した。持ち物は、ポケットに入れた水とジェルだけ。バックパックはなく、ピッケルは1つのみ。私たちは黙って歩き、登った。風が唸るように吹いている。手足が冷たく、ピッケルを握っている感覚

　はほとんどないが、それでも身体はまだ温かい。ヘッドトーチの光の下、2番目の氷瀑を登り終えると、少しだけほっとした。ここまでは順調だけれど、まだ気は抜けない。

　現在、標高6,900m。ずっと風に苦しめられている。キリアンも私も、風と寒さのために何も食べられない。一秒も止まりたくはない。凍えないためには動き続けなければいけないと考えるとゾッとしたけれど、自信はあった。いつでも引き返すことはできるし、身体も筋肉もまだ動く。私は強い。トレーニングで鍛えてきたからだ。私はそのことを知っている。動き続けよう。

　約6時間の登山の後、私たちは氷河のクレバスに入り、キャンプを離れてから初めて避難場所を確保した。ジェルを食べ、水を飲もうとしたが、凍っていた。厚手のダウンウェアの中で、身体の近くで保温していたのに。

　午前9時近くになり、それまで見たことがないような日の出を体験した。こんなに高い場所で日の出を見るのは初めてだ。私たちは日陰にいて、風はまだうなっている。でも、あと数分で日差しがここに届く。風がおさまるとを祈った。本当に風はおさまり、私たちは安堵した。溶けた雪を食べ、飲んだ。

　キャンプ地から1,000m高い、7,000m地点に到達した。最良のルートを時間をかけて選んだつもりだったけれど、前回登ったときよりも時間がかかった。時間は大切だった。でも私は時間のことはなるべく考えないようにした。制限時間は午後2時までだ。それを過ぎれば、引き返さなければならなくなる。だが、時間に気をとられてもいけない。集中すべきは登ることであり、目の前の一歩だ。痺れるほど寒いが、日が高くなるとともに徐々に暖かくなりつつある。

太陽の下で休んでいるあいだに、大変だった夜のことを話した。この高度にいても特に問題が起きていないことに、キリアンも私も嬉しい驚きを感じていた。遠征は10日目で、7,000m強の高さまで登れている。

私たちは登り続けた。でも、1mごとに登るのが難しくなっていく。7,700m。文字通り、その高さに見合った過酷さだ。一歩一歩が戦いになる。疲労していたが、まだ続けられる。心臓の鼓動は速くはないのに、酸素が限界を決めてしまう。山を走るようでもあるが、まったく違うとも言える。一歩一歩は重たいけれど、そこには自由があった。登り続けるための強い意志の存在も感じた。この登山を可能にしているのは自分自身の力であるというはっきりとした自覚もあった。誰の力も借りることはできず、近道もない。薄く厳しい空気の中を、上へ、上へと進む。空に向かってまっすぐに。

もっとも難しい決断

7,800m。腕時計を見て、休憩をとった。雲が山頂の上に集まり始めている。3時間後には引き返さなければならない。3時間で400mを登れるだろうか？　それは馬鹿げた質問だった。ランニングなら、40分で1,000mを登ることができるのだから。1時間で135mを登れるかどうかを悩むなんて、どうかしてる。状況がまったく異なるとはいえ、不思議な気持ちがした。

テクニカルな斜面を左に100mほど登れば、山頂に続く長い台地に出る。心の中で、下山できなくなるかもしれないという結果を恐れず、近づいている吹雪のことも考えず、長い帰り道のことも考えず、ただこのまま登り続けろという声がする。山頂に辿り着きたい。チョ・オユーへ。そこが私の目指している場所。それがフィニッシュラインだ。

私たちは登り続けた。そして、世界最高峰の1つであるチョ・オユーのトレードマークとして知られる、有名な黄色い帯（大理石や軽岩で出来た黄褐色の帯で、3億年前にはなんと海面下にあったという）のあたりで再び止まった。ここからが難しかった。それは高い壁であり、完全に垂直な崖だった。簡単だと聞いていたが、それは高度なクライミング技術が求められる場所だった。ただし私は、登山にはさまざまな方法があるので、難易度についてもいろんな見方があるのだと思った。まず、酸素を使うかどうかでも違いが生じる。自力で登るか、シェルパが張ったロープを使うかによっても違う。後者の場合はそれほど難しくはないはずだ。だからここが簡単だと言われているのも、ある意味では正しいのだろう。

暗くて、寒くて、風が吹いている時間帯には多くの言葉を交わせなかったが、その分、私たちは

成功と失敗は、何度も繰り返し考える価値がある。
何かを学ぶために、前に進むために。

　その一方で、もう一人の自分が、引き返せと言っていた。山頂までそんなに速く登るのは不可能だ。風の強い夜を過ごした後で、もう十分な体力も残っていない。下りのことも考えなければならない。登りで力を使い果たしたらどうなる？　下りも同じように、長くテクニカルな道のりだ。自力で下山できることを確信しておかなければならない。ここには山岳救助隊がいないので、いざとなっても誰も助けてくれない。キリアンはいるが、私たちは2人だけだ。だからこそ、自分自身を信じなければならない。
　何度も自分自身に問いかけた末に、私は引き返すことにした。仮に山頂に到達しても、雪や霧に見舞われたときに対処できるだけの余力があるとはどうしても思えなかったからだ。もし悪天候でなければ、登頂を目指したかもしれない。でも、あまりにも寒すぎた。さらに寒波が来たら、力を完全に失ってしまうだろう。
　キリアンに自分の決断を伝えた。多くの言葉は必要なかった。風が冷たく吹き荒れているときに、躊躇してこの高度で立ち尽くしている暇はない。
　キリアンは続行するという。私には、彼は自分のことは自分でできることがわかっていた。私が自力で下りられることも。もちろん、お互いに一歩間違えば命取りになることはわかっていた。私たちは、氷河と氷瀑に囲まれた標高8,000mの場所で離れ離れになる。別れるのは切なく、怖い。それでも、私たちはお互いの決断を尊重した。それが、お互いが求めていたことだった。私たちは自分で決断を下した。私たちは独立した意志を持った人間同士だった。

　私はゆっくりと確実に、キャンプ1まで下山した。キャンプをたたみ、ベースキャンプに向かって下り続けた。暗闇に取り囲まれ、帰り道を満月が照らしていた。氷河のふちに沿って歩いているあいだ、いろいろな考えが頭の中を渦巻いていた。山頂に辿り着けなかったことが空しく感じられた。膨大な時間をかけて、精神的、肉体的な準備を整えた。それでも、登頂できなかった。受け入れがたい現実だったけれど、月光に照らされた数kmの道を歩けたのは幸運だった。登頂を逃したことを頭の中で反芻する以外に、考えることはなかった。悲しくてたまらなかったけれど、不思議なことに清々しい気持ちも沸いてきた。失望はしたけれど、挑戦したことへの満足感もある。私はこの挑戦で得たことを思い出し、そしてすべてを受け入れようとした。山は逃げない。今回の教訓を活かして、またいつかチャレンジすれば良い。できる限りの準備はした。どれほど人事を尽くしても、物事は計画通りに進まないこともある。今は学んだことを忘れないようにして、次の機会を待つしかない。他のことに集中すべきだ。
　私にとってこの遠征は大きく、永遠に忘れられないものになった。山頂には到達できなかったけれど、目標に向かって努力したことには価値があった。
　成功と失敗は、何度も繰り返し考える価値がある。何かを学ぶために、前に進むために。私たちをさらなる高みに連れていってくれる、新しい目標を設定するために。
　翌日、キリアンと私はキャンプをたたみ、世界最高峰の山々を後にしながら、私たちを未来へと導く道を下っていった。▲

EMELIE FORSBERG
TRACK RECORD
エミリー・フォースバーグ
主な戦績

COMPETITONS 競技

スカイランニング世界チャンピオン（2014 年）
スカイランニングワールドカップ優勝（2015 年）
KIA フェールマラソン、27 km の部、
1 位（2017 年）

RECORDS 記録

マウントマラソン・アラスカ、USA 5 km
ウルトラピリネウ 110 km
グレンコースカイ 55 km
（レースレコード、2017 年）

SKIMOUNTAINEERING 山岳スキー

ピエラ・マンタ 優勝（2017 年）
メザラマ 優勝（2017 年）
ワールドカップ バーティカルの部、
優勝（2017 年）
EC バーティカル＆スプリント
銀メダル（2017 年）

FASTEST KNOWN TIME (FKT) FKT（ファステスト・ノウン・タイム）

ケブネカイセ 2 時間 1 分、2,106 m（標高）
ケブネカイセ山ホテルから出発し、往復
マッターホルン 7 時間 5 分、4,478 m
チェルヴィニアから出発し、往復
モンブラン 8 時間 10 分、4,810 m
シャモニーから出発し、往復
グランドティトン 2 時間 52 分、4,197 m
駐車場から出発し、往復

Thank You All!
謝辞

以下の人たちに感謝を。
発行人のシャーロット・ガウェルと編集者のマリン・バーグマン。
あなたたちは、執筆中、常に側にいて、アイデアを出したり、意見を述べてくれたりした。
何より、私のことを信じてくれた。
この素晴らしい道のりを終えたことに、大きな喜びを感じている。
出会い、この体験をあなたたちと分かちあえたことに。
この本を美しいレイアウトにまとめてくれたカイ・リスティラと、
この本を英語に翻訳してくれたサラ・オルスタディウス。
ハンドランでのランニング中に、私と「自由」という表現について話し合ったリンダ・バーグ。
感想を述べてくれた、エリカ・ボーストロム、ファニー・ボーストロム、アイダ・ニルソン。
あなたたちと人生哲学について語り合うことは、いつでも喜びだ。
姉のリリアンとベング、親愛なる祖母。その賢明な人生観に。
そしてもちろん、親愛なるキリアンに。
この本で使われた、美しく魂の籠もった数々の写真を撮ってくれたことに。
何より、常日頃から私に与えてくれるすべてのインスピレーションに。

GAWELL FÖRLAG
COPYRIGHT EMELIE FORSBERG
PHOTOGRAPHY KILIAN JORNET
PHOTO PAGE 7, 47, 48, 51 MARTIN FRYKLUND
PHOTO PAGE 141, 142, 146/147, 148 LYNDON MARCEAU
PHOTO PAGE 8/9, 11, 12, 15 PHOTO ARCHIVE DOLOMITES SKYRACE
PHOTO PAGE 65 SIMEON/ISTOCK
PHOTO PAGE 66 MAXIM K/ISTOCK
PHOTO PAGE 124, EMELIE FORSBERG
PHOTO PAGE 156/157, DANIEL PRUDEK/SHUTTERSTOCK
PHOTO PAGE 167, V.APL/SHUTTERSTOCK

SKY RUNNER by Emelie Forsberg
Copyright © 2018 by Emelie Forsberg
Japanese translation published by arrangement with Gawell Förlag AB
through The English Agency (Japan) Ltd.

走ること、生きること　強く、幸福で、バランスのとれたランナーになるために
2019年8月1日　第1刷印刷
2019年8月15日　第1刷発行
著　者──エミリー・フォースバーグ
写　真──キリアン・ジョルネ
訳　者──児島修
発行人──清水一人
発行所──青土社
〒101-0051　東京都千代田区神田神保町1-29　市瀬ビル
［電話］03-3291-9831（編集）　03-3294-7829（営業）　［振替］00190-7-192955
組版・印刷・製本──ディグ
装　幀──大倉真一郎
Printed in Japan
ISBN978-4-7917-7193-6 C0075